国家治理的文化研究

周联兵 ◎ 著

北京·旅游教育出版社

图书在版编目（CIP）数据

国家治理的文化研究 / 周联兵著. -- 北京：旅游教育出版社，2021.8
　ISBN 978-7-5637-4277-6

　Ⅰ. ①国… Ⅱ. ①周… Ⅲ. ①国家－行政管理－文化研究－中国 Ⅳ. ①D630.1

中国版本图书馆CIP数据核字(2021)第133675号

国家治理的文化研究

周联兵 著

责任编辑	陈凤玲
出版单位	旅游教育出版社
地　　址	北京市朝阳区定福庄南里1号
邮　　编	100024
发行电话	（010）65778403　65728372　65767462（传真）
本社网址	www.tepcb.com
E - mail	tepfx@163.com
排版单位	北京旅教文化传播有限公司
印刷单位	唐山玺诚印务有限公司
经销单位	新华书店
开　　本	710毫米×1000毫米　1/16
印　　张	10.25
字　　数	143千字
版　　次	2021年8月第1版
印　　次	2021年8月第1次印刷
定　　价	55.00元

（图书如有装订差错请与发行部联系）

目　录

第1章　绪　论 ·· 1
　　第一节　研究目的与意义 ·· 1
　　第二节　国内外研究述评 ·· 3
　　第三节　研究方法 ·· 21
　　第四节　总体思路及主要内容 ·· 23
　　第五节　主要创新之处 ·· 25

第2章　治理与人类的存在 ·· 28
　　第一节　从物质运动到人 ·· 28
　　第二节　从人到人类 ··· 30
　　第三节　人类存在的两种基本方式：交易与战争 ······················· 31
　　第四节　治理是人类存在的一种机制 ··· 33

第3章　西方经典文化中的人与人类治理 ·· 36
　　第一节　亚里士多德与洛克关于人与人类治理的思想 ··············· 37
　　第二节　黑格尔关于人与人类治理的思想 ·································· 39
　　第三节　哈贝马斯与罗尔斯关于人与人类治理的思想 ··············· 42

第4章　我国传统经典文化对人类治理的润泽 ····································· 46
　　第一节　我国传统经典文化中的人与人类治理 ·························· 46
　　第二节　我国儒家施政实践中的治理机制因素 ·························· 54
　　第三节　传统经典文化是理解我国国家治理的重要角度之一 ···· 58

— 1 —

第5章　我国国家治理文化体系及其现代化发展路径 ··················· 60
- 第一节　我国国家治理文化体系的结构 ······················· 60
- 第二节　我国国家治理文化体系的重要文化保障作用 ··········· 61
- 第三节　治理文化的变迁 ································· 65
- 第四节　我国国家治理文化体系的现代化发展路径 ············· 66
- 第五节　我国国家治理文化体系现代化发展的重要内容 ········· 69
- 第六节　结语 ··· 75

第6章　加强治理文化建设服务新时代国家治理 ······················· 77
- 第一节　合作治理中的政府理念观念的发展 ··················· 77
- 第二节　借鉴理性官僚制建设理性政府过程中要谨防五个思维误区 ··· 83
- 第三节　通过基层文化建设助力涉企微腐败治理 ··············· 90
- 第四节　重视国家治理体系现代化过程中的人民信任建设 ······· 95
- 第五节　继承和发扬优秀的孝道文化服务于以德治国 ·········· 103
- 第六节　通过倡导树立终身学习理念为国家治理培养高素质领导干部队伍 ·· 116
- 第七节　地方政务新媒体要讲好中国故事助力治理文化建设 ···· 127
- 第八节　强化社会成员个体间和谐文化建设助力于提高社会文明程度 ·· 132

第7章　结　论 ··· 145

参考文献 ··· 151

第1章 绪 论

第一节 研究目的与意义

天下大治，是中国人自古以来崇尚的国家治理境界，孔子将天下大治名之曰"大同"，并具体描述了天下治理达到大同境界的诸多标准。[①] 尧舜禹汤文武周公等历代圣王俊德为后世称颂师法者，就在于他们满足了人们对于福宁祥和、物阜民康的普遍期望。在古代社会，国家统治管理集团，只要能够维护国家对外独立和国防安全，对内实现天下一统运转有序，就基本奠定了盛世的格局，例如西汉的"文景之治"、唐朝的"贞观之治"。历史上的这些时代，政治清明，百官各司其职，百姓各安其业，社会局面安定有序，能够实现人民温饱而趋小康，渐次出现"路不拾遗、夜不闭户"的景象，文化也渐渐繁荣起来，人们便欣喜地称之为"盛世"。此时的君王，往往还要登泰山进行封禅大典，向上天报告自己作为天子职守有方，以志功业。

在现代社会，社会关系较之于古代更为复杂，经济、政治、社会、文化、生态环境各领域相互影响，密切交织。同时国际交往和国际竞争的深度和广度不断拓延，中国已经全方位进入世界历史。[②] 面对新的时代特征和国家发展新机遇、新挑战，中国在现代化进程中、在追求中华民族复兴的伟大梦想中，如

---

① 《礼记·礼运》。
② 在马克思、恩格斯看来，人们要生存，必然要进行物质生产和再生产，以获得生活资料。在一定的生产力水平下，人们相互之间结成一定的物质联系，而这种物质联系是随着生产力的发展而不断发展的，故表现为"历史"。当生产力使得全世界的人们参与世界分工并建立了普遍交往关系时，"狭隘地域性的个人为世界历史性的、真正普遍的个人所代替"，这才是真正的世界历史的开端。参见马克思、恩格斯：《德意志意识形态》，北京：人民出版社，1961年版，第13—15、21—22、24、29、41页。

何在全面深化改革中推进国家治理现代化,从而抓住机遇,化解挑战,实现国家长治久安、人民安居乐业、社会繁荣进步、民族复兴发展,这是摆在我们面前的重大战略课题。

事实上,在近现代历史中,中华民族一直在探索国家治理道路问题。在不断探索的历史进程中,中国人民和中国历史选择了社会主义。新中国成立以来中国共产党带领全国人民进行了艰苦卓绝的社会主义建设探索,不断在改革中砥砺奋进。改革开放以来,我国各领域的改革被形象地称之为"摸着石头过河",党和政府带领广大人民大胆地试、大胆地闯,在实践中走出了中国特色社会主义的正确道路。在相当长的改革开放历史时期中,中国国家治理和现代化建设是符合帕累托改进①标准的。

党的十九大庄重宣告,我国改革开放和现代化建设进入了新时代。新时代的基础性特征是经济发展进入新常态,面临着整体速度趋缓、产业转型升级的艰巨任务,面临着如何跨越中等收入陷阱②的巨大挑战。在经济新常态下,我国经济、政治、社会、文化、生态文明以及党的建设等各领域各要素相互交织、密切关联,人民群众则对福利与收入分配以及生活质量、社会公平与正义等提出了更高、更迫切的要求和愿望。在此新的发展阶段特征下,解决一个问题可能就会造成另外一个新问题。"中国改革经过三十多年,已进入深水区,可以说,容易的、皆大欢喜的改革已经完成了,好吃的肉都吃掉了,剩下的都

---

① 帕累托改进,是在经济、政治、社会等学科领域和实践范畴中,衡量人们的制度建构、政策措施非常普遍的一条标准。意即一项改进如果给各相关方都带来了福利的增进,则符合帕累托改进标准。如果某种当前状态存在帕累托改进的机会,则这时的权利配置状态就不是帕累托最优,就应该通过帕累托改进的途径来予以优化。帕累托改进是一种正和博弈、各方共赢通惠的局面。当然,帕累托改进和帕累托最优,主要是在有形的权利这一维度来予以衡量判断,如果引入不同人群的心理体验、价值观念等作为参数,则较大人群中的制度改进和社会改革可能很少有完全符合帕累托改进标准的。帕累托改进实际上联系着合法性判断和社会稳定性后果,因为社会存在决定社会意识,"当制度公正时,那些参与着这些制度安排的人们就获得一种相应的正义感和努力维护这种制度的欲望"。参见罗尔斯:《正义论》,北京:中国社会科学出版社,1988年版,第441页。

② 中等收入陷阱系指发展中国家现代化过程中,当人均收入水平进入8000—12 000美元这一区间之后,不能成功突破上限进入高收入国家和发达国家行列,而是长期在这一区间徘徊不前,就像掉入了陷阱一般。除了外部原因,中等收入陷阱的形成很可能与经济发展模式、经济增长方式有关。发展中国家在经济起飞阶段,往往以分工和交换扩大为主要特征的斯密式增长为主要经济发展方式。参见关永强、张东刚:《"斯密型增长"——基于近代中国乡村工业的再评析》,载《历史研究》2017年第2期,第153—167、193页。当达到中等收入水平时,发展中国家能否实现经济增长方式的转变,能否实现产业转型升级,能否实现创新驱动发展等,对于跨越中等收入陷阱具有显著影响。

是难啃的硬骨头"。①

面对这种新的国情特征,面对民族复兴和现代化伟业的新阶段新要求,我们必须实现国家治理现代化,必须理顺各方面错综复杂的关系,必须调动各方面各战线各行业广泛的人民群众的积极性,必须实现可持续发展,本书从文化的视角探讨新时代我国国家治理的比较优势、发展途径、创新方式等,以求能对我国国家治理现代化有所裨益。这就是本研究的实践价值所在。

对于国家治理这一论域,不同的思想者、学者作出了大量卓有成效的研究。有从法的角度进行探讨的,有从德的角度进行分析的,有从礼的角度进行规定的,有从民主的角度进行构建的,有从历史的角度进行比较的,有从公共选择的角度进行梳理的,有从国家与社会关系角度进行观照的,有从提升正义的角度进行思索的……总之,自古及今,人类的国家治理实践产生了诸多国家治理思想和理论,这是我们进行国家治理研究深厚的理论滋养。本研究则试图扎根于我国社会主义实践,特别是中国特色社会主义新时代的深厚实践,探讨我国文化背景、制度特征、经济形态等条件下的国家治理文化发展规律,这就是本研究的理论价值和意义。

从某种意义上来说,任何研究都有其直接目的和意义;同时,任何研究本身也具有间接的其他层面的目的和意义。所谓"天下兴亡,匹夫有责",人民福祉长萦于心。中华民族五千年来绵延发展,永续不息,就在于一种自强不息的民族精神,这一民族精神的内核或说较高层面的要素即中华文明的"道统"。韩愈所谓"传道授业解惑也",将"道"置于教育之首要。求学在于明道,治学在于阐道,出仕在于行道。我们今天研究国家治理,也要自觉地继承和发扬优秀的传统文化,从中汲取有益的滋养,自觉地培育关心国家发展、关心民族前途与命运、关心人民福祉与幸福的情怀,自觉地融入中国特色社会主义新时代建设和民族复兴伟大事业中去。

第二节 国内外研究述评

人类社会是一个巨大的复杂系统,其发展总是处在均衡—非均衡—均衡这

---

① 中共中央宣传部.习近平总书记系列重要讲话读本[M].北京:学习出版社、人民出版社,2016:70.

样循环往复的过程，这相应形成治理模式发生变迁的现象。西方国家在20世纪前期为了应对垄断资本主义的危机，在凯恩斯主义影响下，普遍建构了福利国家制度，这一制度的突出特征是强调国家对社会的责任，国家深刻渗透社会运行，形成"大政府"。到20世纪六七十年代，福利国家导致的官僚主义、效率低下等政府失灵现象日趋严重。因此，西方国家以20世纪80年代英国撒切尔内阁为代表的新自由主义改革兴起，其主要特征是推行私有化、市场化。然而人们很快发现市场有其固有的缺陷，并不尽善尽美。

在上述背景下，非国家非市场的所谓"第三部门"进入人们的视野，国家事务和社会问题的应对不再是政府单方面的事情，而是包括政府部门在内的多方主体合作治理，强调朝野协商的价值，突出民主参与的过程，发挥合作治理的效能。上述新的实践在理论上被概括为治理过程，由之产生的治理理论与治理实践相互促进，在世界范围内引起了深刻的治道变革。

一、国外研究

（一）治理一词的源流

在西方，"治理"即governance一词"在英语国家作为日常用语出现已有数百年，指的是在特定范围内行使权威"。[①] 英语中的governance一词可以追溯到古典拉丁语、希腊语，但在语词使用的历史中，治理"长期以来它与统治（government）一词交叉使用，并且主要用于与国家的公共事务相关的管理活动和政治活动中"。[②] 也就是说，从词源的角度来说，西方历史上很长时间以来，治理（governance）与统治（government）[③]是"同义词"。[④]

即使是现代治理概念，人们也没有将之与统治（或主要是马克思主义国家理论语境中的管理）断然割裂开来。很多学者将治理看作是统治的一种新形式、新途径、新样式罢了。对于治理与统治的关系，学者们从人类制度演

[①] ［法］辛西娅·休伊特·德·阿尔坎塔拉."治理"概念的运用与滥用［J］.国际社会科学杂志（中文版），1999（1）：105-113.

[②] 俞可平.治理与善治［M］.北京：社会科学文献出版社，2000：1.

[③] 有必要说明一下，这里的统治一词。在西方治理理论学者的话语中，所使用的传统统治概念，主要是指政府利用所垄断的政治权力，通过层级指令的方式，对社会秩序的维持和国家目标的达成。而这与马克思主义国家观中的国家统治职能（阶级统治的工具）和社会管理职能的分化有所不同。因而，在理解这一概念时，要准确把握其运用语境。

[④] ［英］格里·斯托克.作为理论的治理：五个论点［J］.国际社会科学杂志（中文版），1999（1）：19-30.

进的角度,采取了渐进性、连续性的观点,并不认为治理与统治可以分道扬镳,而是对传统统治的一种扬弃。罗德斯认为,治理"意味着一种新的统治过程,意味着统治的条件已不同于前,或是以新的方法来统治社会"。① 也就是说,治理是统治的一种新的环境条件下的发展和创新,甚至可以说是一种变种。从结果的角度来看,治理和统治是相似的,或者说是为了同一个目的。"治理的目的终归是创造条件以保证社会秩序和集体行动""治理的产出和统治并无任何不同之处。如果有什么差异,那也只在于过程""治理所指,是统治方式的一种新发展"。② 本书之所以花费笔墨,论说治理与统治的联系性,从认识论上是为了建构某种知识的统一场,使得历史中的事物或概念被置于一种连续的谱系之中,从而易于被人们所理解。人们理解比较新的事物,在思维上,往往需要与自己的经验相连接,才能较好地实现理解。

现代"治理"(governance)概念尽管在学界看来,是传统统治(government)概念的一种新的发展和形式,两者有着密切联系,但人们也深刻认识到,治理概念与传统统治概念相比,的确是有着明显的区别。这一区别不是根本意义上的区别,并不是说一个是善的,另外一个是恶的,而是聚焦于实现公共的善的机制有了重大的变化,这一变化的根本观测点在于政府在实现公共目标的政策形成和政策执行中的作用发生了变化。罗西瑙作为治理理论的重要创始人之一,他认为治理是"一系列活动领域里的管理机制,他们虽未得到正式授权,却能有效发挥作用。与统治不同,治理指的是一种由共同的目标支持的活动,这些管理活动的主体未必是政府,也无须依靠国家的强制力量来实现"。③ 法国学者让-皮埃尔·戈丹指出治理和统治"关于社会中的权力的观念本身就不相同。源于制度化结构的发号施令、实行控制的做法在这里遭到否定,代之以多元化而互动的权力观"。④ 也就是说,传统的统治过程主要是依靠政府运用等级结构、运用政治权威对社会进行管理和控制进而达到社会

---

① [英]格里·斯托克.作为理论的治理:五个论点[J].国际社会科学杂志(中文版),1999(1):19-30.
② [英]格里·斯托克.作为理论的治理:五个论点[J].国际社会科学杂志(中文版),1999(1):19-30.
③ 俞可平.治理与善治[M].北京:社会科学文献出版社,2000:2.
④ [法]让-皮埃尔·戈丹.现代的治理,昨天和今天:借重法国政府政策得以明确的几点认识[J].国际社会科学杂志(中文版),1999(1):49-58.

秩序的维持、社会公益的促进和政策目标的实现，而在治理的语境下，上述结果的达成不必然依靠政府的强制性权威，不是政府自居于社会之上外加于社会各种管控措施，而是"依靠多种进行统治的以及互相发生影响的行为者的互动"。①

（二）现代治理概念的产生及其早期型态

现代治理概念产生于西方国家。尽管有不少学者论证汉语语词中的"治理"二字在中国古已有之，今亦常用，但其对应于20世纪90年代以降西方国家"governance"的含义时，该专门概念来自于西方国家。然而，即使在西方学者眼里，现代治理概念在西方国家如何产生，也是有不同说法的。典型而影响广泛的说法是，现代治理概念最初是1989年世界银行面对非洲局部地区的发展困境而使用的。但欧洲有的学者就持有另外一种观点，如让－皮埃尔·戈丹就认为，治理（governance）是20世纪90年代出现的一个术语，"首见于北欧诸国，后来就遍及全世界"，他指出，有不少学者将治理概念追溯到18世纪，当时的法语治理（gouvernance）概念"曾经是启蒙哲学把开明政府与对市民社会的尊重结合起来的向往中的一个要素"。②

人类的实践和认识并不是完全同步的。现代治理的概念无疑是晚近的事情，但现代治理概念所指向的新的统治方法，或说治理机制，并不是在晚近才出现的。人们认为，无论是等级制的国家机制、自由交换的市场机制和崇尚合作精神的治理机制作为客观存在的人类统治手段早已存在，不同协调方式有一个"兴衰起伏的循环"。英国学者鲍勃·杰索普推测认为，现代社会复杂性非线性演化到了这样一个程度，使得各系统跨越不同社会和时空距离而日益相互依存，从而导致等级机构和自由市场的协调出现不适应，由此治理的兴起可能是一种由人类社会运行的长期变化而带来的治道变革。③

治理被用来描述很多改进人类社会运行秩序和效能的实践。世界金融组织或其他国际机构在对发展中国家进行援助时，认为发展中国家政府的管理扭曲了经济发展，片面依靠市场，而没有政治支持、制度秩序、社会条件等，经济

---

① Kooiman, J. Van Vliet, M., *Governance and Public Management*. In K.Eliassen and J.Kooiman (eds), Managing Public Organizations (2nd ed.), London: sage.1993: 64.

② [法]让－皮埃尔·戈丹.现代的治理，昨天和今天：借重法国政府政策得以明确的几点认识[J].国际社会科学杂志（中文版），1999（1）：49-58.

③ [英]鲍勃·杰索普.治理的兴起及其失败的风险：以经济发展为例的论述[J].国际社会科学杂志（中文版），1999（1）：31-48.

发展计划往往收效甚微。然而，国际机构认为如果直接对发展中国家的政治架构指手画脚，将会带来敏感的适得其反的后果。于是，国际机构要求发展中国家为市场运行提供良好的制度秩序和社会条件，进行相应的变革，这一变革被冠之以治理的概念，从而避免了发展中国家对主权独立性的担忧。

新公共管理运动，也被有的学者认为是治理的一种形态。有的学者基于在新公共管理中政府聚焦于"掌舵"，而将"划桨"交给市场或社会，认为新公共管理具有"治理"的性质。[①] 然而，也有学者不同意将新公共管理实践指认为治理过程，认为在新公共管理中，只是将"治理"作为"统治"在使用，之所以如此使用，是因为福利国家的弊端，导致"统治"已经遭人嫌弃。在新公共管理中，只是将政府的主体责任主要通过合同等形式转包出去，"治理"概念在新公共管理中使用"有时是出于修辞而并无什么实质上的意义"。[②] 虽然有争论，但我们完全可以把新公共管理看作是由福利国家大政府时代向治理时代转换的一个过渡。

（三）治理的画像

治理区别于统治的核心所在，实际上就是提供了解决公共问题的一套活动机制，这套活动机制不依赖政府的强制性权力，它产生共同认可的目标，并协同推进以实现这一目标。围绕着这一界定，治理的基本轮廓便能得以描画。

毫无疑问，治理是对公共事务的管理，可以是公共问题和矛盾的解决，也可以是公益的促进。一般而言，这里的问题和公益，由政府直接供给或通过购买来实现，存在低效率或者不合算，不能较好地可持续地维持下去。但解决这些问题，是环境中的各方都期望的。

在治理的语境下，与问题或需求直接相关的各方是治理机制的潜在主体，而且那些具有道义追求的非利益相关者，或者出于崇高的价值追求，或者单纯出于社会形象等复杂诉求，也是治理机制的潜在主体。这些主体可以是个体的自然人，也可以是各种社会团体、社会组织，也包括直接相关或没有直接关系的私营机构、企业等。但与问题或需求直接相关的潜在主体未必是实际主体，

---

① [英] 罗伯特·罗茨.新的治理[M]//俞可平.治理与善治.北京：社会科学文献出版社，2000：89-90.
② [英] 格里·斯托克.作为理论的治理：五个论点[J].国际社会科学杂志（中文版），1999（1）：19-30.

尤其是在个人层面，比较消极或没有资源基础或时间精力或干脆就是想搭便车的个体通常是治理的旁观者。政府当然是治理的主体之一，但政府可能是治理场景中的积极主体，也可能是治理场景中的消极主体，也就是说，政府可能在治理机制中做一个守望者，类似于在自由市场机制中的"守夜人"角色。[①]

治理的主体当然不是离散的存在，在西方治理理论中，治理机制的要义之一就在于各种进入场景的主体之间相互合作达成一种自主自治的网络。作为组成部分的组织或个体自然人是自组织治理网络的成分、成员。根据不同的治理对象，治理的自组织网络的结构具有多样性。对于复杂的治理网络而言，这个网络可能包含（自然）人际的关系网络、组织间的关系网络以及复杂系统间的关系网络。[②]

我们知道，治理在社会协调方式角度，被赋予了很高的价值，人们把它与用价格和交换来协调的市场机制、以命令推动的层级政府机制并列为三大协调机制。[③]那么，市场有价格和竞争驱动，层级政府有命令驱动，治理依靠什么来驱动呢？相互没有隶属关系的治理网络自组织如何成为可能呢？根本上来说，当然是各潜在主体对同一对象的干预具有切实需求，进而萌发出采取行动改变现状的动机。但人们发现单靠一己之力没有取得预期效果的机会，于是人们开始寻找志同道合者或是利益相关者，于此，治理的自组织网络开始编织。网络编织过程，是人们对共同的目标、各自专有性资源、采取的行动、利益的分割等事项达成一致的过程。在这个过程中，相互的信任、理性、伙伴关系、

---

① 治理理论中的政府角色，很值得仔细辨析。治理理论通常言明，治理这一新的统治管理机制中，问题的解决、公益的促进，并不依赖政府的强制性权威，而是强调平等的多中心的伙伴关系。但事情并没有这么简单。很多论者想当然地认为，由社会主体参与治理，是一种直接民主的形式，人们会由于参与性的提升而乐见其成。然而，欧洲科学研究理事会的研究表明，公众在社会组织和市政组织之间，强烈地选择由后者来提供各项公共服务，以地方当局为最高权威。参见［英］格里·斯托克：《作为理论的治理：五个论点》，载《国际社会科学杂志》（中文版），1999年第1期，第19-30页。

② ［英］鲍勃·杰索普.治理的兴起及其失败的风险：以经济发展为例的论述［J］.国际社会科学杂志（中文版），1999（1）：31-48.

③ 人类社会的协调机制当然不止这三种，价格交换、层级命令和治理中的多中心网络协同的确是世俗社会较为显著的，迄今也发挥了极大作用的秩序安排方式，但还存在其他方式。比如理论上洛克所描述的自然状态中的协调机制，洛克认为在有国家之前，人类生活在由自然法统治的自然状态中。自然状态下人们互敬互爱，享有完全平等的自由权利，过着有序的生活。在自然状态下，人人都是法官，都可以执行自然法，对于违法的人，每个人都可以施加惩罚（参见洛克：《政府论》第二册，北京：九州出版社，2007年版，第305-327页）。此外，宗教在一定程度上通过对人的精神的介入，也成为一种在特定场景中协调社会关系的机制。

同志情谊等代替了价格、命令等机制,"信任与合作则是网络的核心机制"。①由于不是靠监控来运维自组织网络,因而,网络的编织较易于摆脱管理费用带来的规模限制。②

治理机制中涉及的多中心多元主体,是因为能够各取所需,才能够较为牢固密切地相互协调与合作。这个需求的程度越强烈,人们的相互联系就会越紧密。这种相互联系是一种相互依赖依靠关系。治理的整体安排,如资源投入比例、相互活动的接驳、目标的设定等,是具有同等统治权量的主体之间协商谈判的结果。人们相互之间负有协同努力追求治理目标的责任。治理的自组织网络对谁负责被认为是一个问题,③这不同于市场机制和等级机制。等级机制从管理上下级对上级负责,政治上对人民负责,可以形成责任机制;市场机制则有优胜劣汰的法则,使得责任链条内嵌于主体活动过程之中;而治理的自组织网络主体之间凭靠相互借重的依赖关系而能相互负责,但这也不完全如此。内部主体之间仍然存在着机会主义、争夺主导权,甚或意气用事而遽然撤出等各种破坏共同事业的可能。而且,治理的自组织网络作为一个整体,和社会公众是什么关系?不像政府,在政治上要向全体公民负责,治理的自组织网络似乎没有义务也没有责任向相关的公众负责,于是,人们提出了一个合法性问题。④

(四)治理的风险

任何事物可能都需要适应其生态环境,都有其发挥作用的时空,超出这个范围,便会面临挑战,甚至有失败的风险。自由市场机制在其黄金时代,福利国家在其黄金时代,在人们心目中都已经是很完美的有效制度安排,但世易时移,人们用市场失灵和国家失灵来分析它们的局限甚至失败的风险。

---

① J. Frances, R. Levacic, j. Mitchell and G. Thompson, "introduction" in Thompson et al., Market, Hierarchies and Networks. 转引自俞可平:《治理与善治》,北京:社会科学文献出版社,2000 年版,第 95 页。

② 科斯在《企业的性质》一书中认为,企业的建立可以节省市场交易费用,也就是把外部交易内部化,这被认为是企业存在的缘由。但企业内化市场外部交易时,会产生内部管理的费用,当企业内部边际管理费用与外部市场边际交易费用等值时,企业便达到了自己的边界。(参见[美]埃里克·弗鲁伯顿、[德]鲁道夫·芮切特:《新制度经济学——一个交易费用分析范式》,上海:上海人民出版社,2006 年版,第 54-66、420 页。)自组织网络在管理费用上,比组建企业压力要小,这使得治理机制的自组织网络可以具有开放性。

③ [英]格里·斯托克.作为理论的治理:五个论点[J].国际社会科学杂志(中文版),1999(1):19-30.

④ [英]格里·斯托克.作为理论的治理:五个论点[J].国际社会科学杂志(中文版),1999(1):19-30.

当然，评价任何事物成功还是失败，都需要有评价维度。从高位来看，无论是市场、国家还是自组织治理，都是寻求人类社会的秩序、福祉，追求基本的或尽可能的公平与正义，实现人类的持续生存、幸福生存和不断进步、高质量发展。无论是市场失灵还是国家失灵，都是对标这一高位目标来评判的。否则，一项制度安排对一部分人来讲是极为不利的，但对另一部分人而言，却可能是极为有利的，这样便莫衷一是。因而，社会的基本调节制度的观察位，只能设置在社会整体的维度，社会最广大人民的维度。治理作为一种和市场、国家相提并论的社会协调安排，其价值评价和效能评价亦应基于这样一个标准。

在西方治理理论语境中，治理是一种松散的组织形式，由此产生了失败的风险。关于治理的失败，不同的学者在相关研究中都或多或少涉及过。杰索普认为治理的成功与否，主要与治理的协调方式、治理的对象以及治理的环境密切相关。治理的协调方式可以划分为个体人际关系网、组织际以及比组织际更庞大的系统间三个层次的协调，这三个层次的协调方式都有可能协调不成功；而对于治理对象的复杂性动态性缺乏充分认知以及对推进治理的条件过分简化也都可能导致治理失败。① 阿尔坎塔拉则基于拉美地区的实际情况，指出了环境对治理失败可能带来的影响，认为拉美地区在20世纪晚期进行的治理改革，由于当时该地区正处于经济危机和社会持续不稳定环境下，因而归于失败。阿尔坎塔拉实际上提出了治理与环境的依赖关系，主张"不再寻求放之四海而皆准的'善治'的标准，鼓励在特定的社会环境下的人们发挥创造力和首创精神"。② 斯托克则总结了治理机制存在的一些困难和问题，如合法性、责任模糊、意图与结果不一致等，这都可能导致治理失败。③

（五）治理中的政府

西方治理理论的坚持者普遍认为，在实现公共问题的解决过程中，国家和政府机构不再是不可或缺的。从历史来看，治理机制的确在福利国家的大政府模式出现各种不适应，且在其自身各种改革所解决的问题不比所产生的麻烦少

---

① [英]鲍勃·杰索普.治理的兴起及其失败的风险：以经济发展为例的论述[J].国际社会科学杂志（中文版），1999（1）：31-48.

② [法]辛西娅·休伊特·德·阿尔坎塔拉."治理"概念的运用与滥用[J].国际社会科学杂志（中文版），1999（1）：105-113.

③ [英]格里·斯托克.作为理论的治理：五个论点[J].国际社会科学杂志（中文版），1999（1）：19-30.

第1章 绪 论

的时代背景下，作为具有意识形态性质的现象，产生了广泛的影响。在西方国家，的确出现了诸多运用治理机制代替单纯的层级政府机制的场景。

然而对于这样一种事实，不同的学者的判断差异很大，这也反映出，人类社会的协调工程是极其复杂的，它足以给截然不同的观点同时提供证据。一种观点认为，治理已经作为传统的政府统治与管理的替代机制，广泛存在于社会事务的协调场景之中，"威斯特敏斯特和白宫之外的政府体制在过去就已经被转变成一种地方治理体制"。学者认为在英国，由于政府空心化而产生的公共服务提供主体分散化及相应的调控困难和责任模糊、新公共管理的矛盾、政府间管理的大量出现等原因，治理机制都有了大量的应用。[1]

然而，另一种观点则认为，尽管福利国家的大政府模式面临越来越严峻的社会管理负担，但却并未发生大幅缩减政府事权而让位于治理机制的情形，"政府在社会领域里的干预有增而无减"。当然不同国家有所区别，瑞典、丹麦等过去国家作用过于突出的国家的确在加大私营机构和社会团体的作用，英国等一些国家也在加大治理机制的运用强度，然而也有一些国家比如法国却在向继续增加国家干预的方向发展。这种观点进而站在总结的高度认为，无论英美还是欧洲大陆或北欧国家，福利国家并没有发生根本的变化，并没有被治理机制替代。[2]

综合而言，我们可以认为，大政府强国家模式仍然在诸多领域发挥着不可替代的作用，同时政府也是整个国民国家[3]整体秩序的协调者和维护者。然而，不可否认的是，大政府强国家的确面临着与时俱进进行变革的强大社会压力。在许多领域，人们已经运用治理机制来协调问题的解决和促进公共利益或共同利益的实现。

那么，在治理机制发挥作用的领域或情境下，国家或政府要起到一种什么样的作用呢？关于这一点，西方治理理论在明确提出没有政府的治理这一极具反传统的论断的同时，大多数论者无不或多或少涉及了政府在治理过程中应发

---

[1] [英]罗伯特·罗茨.新的治理[M]//俞可平.治理与善治.北京：社会科学文献出版社，2000：89-90.

[2] [瑞士]弗朗索瓦-格扎维尔·梅里安.治理问题与现代福利国家[J].国际社会科学（中文版），1999（1）：59-68.

[3] 此处所言国民国家即人们通常所说的民族国家。现代汉语的民族国家概念译自英文"nation state"一词。人们认为汉语民族一词的人种学意义较强，而英语中"nation"一词的政治、经济、文化共同体意味更强。因而，"nation state"译为国民国家更妥。参见唐士其：《西方政治思想史》，北京：北京大学出版社，2008年版，第11页。

挥的作用、活动内容和方式等。

在西方治理理论中，实际上赋予了政府在治理中的宏观管理和顶层设计的地位和功能。这在英美等国家的文献中被总结为"赋予能力者""催化反应者""授权者"，①即政府通过授权、催化以及能力支持，主动培育治理主体网络，优化治理生态环境，使得治理机制尽快运转起来。这实际上指明，政府起到了治理机制的发动者、设计者和创始者的作用。从现代民主政治的角度来看，这表明治理主体的权力是来自于合法政府权威的授权，之所以进行这样的授权，是因为政府在变化了的环境压力下，通过授权于治理的自主自治网络，以增进自身的合法性，也从整体上优化整个国家的管理水平。

在治理机制运行的过程中，人们认为国家和政府仍然不是毫无作为的，而是发挥着重要的作用。库伊曼和范·弗利埃特则更为具体地描述了在治理机制中政府的三个方面的任务，即构建与协调、施加影响和规定取向以及整合与管理。②杰索普则提出国家和政府对于治理机制拥有两个重要的权能，一个是监控权，另一个是元治理权。

监控权是指尽管治理机制获得了特定经济政治甚或意识形态职能，且号称是不依赖政府的权威，但是"国家通常还要检查这些职能对国家本身在一个四分五裂的社会里维护社会凝聚力的能力（的影响）。国家要为自己保留对治理机制开启、关闭、调整和另行建制的权力，这不仅是出于特定职能方面，而且也是出于党派和全球政治利益方面的考虑"。

元治理，也就是说对治理的治理，对自组织的组织。政府之所以要进行元治理，是为了减少治理的失败风险。政府的元治理主要做两方面的事情：一是设计体制机制，让治理场景中的利益相关方的行为有所遵循；二是提出愿景设计，举旗定向，从而用目标来鼓励和收敛分散多元的主体的行动。

杰索普认为，政府应承担起多元治理主体或攸关方坐下来进行对话和谈判的组织者角色、制定规则并引导各方遵循规则角色、维护治理总体格局持续角色以及担当最后的防波堤角色——即不管什么原因治理面临失败的时刻政府要力挽狂澜采取妥当措施保障公共秩序及时补救局势。此外，政府还要通过制定

---

① [英]格里·斯托克.作为理论的治理：五个论点[J].国际社会科学杂志（中文版），1999（1）：19-30.
② [英]格里·斯托克.作为理论的治理：五个论点[J].国际社会科学杂志（中文版），1999（1）：19-30.

基本治理规则以确保治理机制与国家的更广泛的管理体制相兼容,担当治理中的正义与冲突的调解人或仲裁者等角色。虽然杰索普论述了治理机制中国家或政府的上述诸多担当和职能,但他同时明确指出,这并不意味着政府是治理机制的"太上皇",在治理机制本身的运行中,如果政府作为谈判一方出现,则与其他主体是平等的协商关系,"官方机构最好也不过是同辈中的长者"。①

二、国内的研究

用"治理"作为主题词在中国知网进行检索,我们可以发现,与治理相关的文献,从1949年就出现了。事实上,"治理"一词,中国古人早就使用过。中国战国时期思想家荀子曾经写到"明分职,序事业,才技官能,莫不治理。"②至迟从战国时起,在汉语中就有了"治理"这样的词汇。在中国古今关乎家国天下公共事务等的论述中,"治理"一词也是常用词,可以说很常见,治理概念"并非舶来品,其在中国的历史源远流长"。③

对中国知网自1949年以来以"治理"为主题词检索到的文献进行简单考察,我们发现"治理"一词主要被用来标明以下领域的事务:一是针对自然环境的干预,如河流治理、小流域治理、污染治理、病虫害治理等。二是针对特定社会事务的干预,如社会治安综合治理、城市交通治理、青少年犯罪治理等。以上两种用法在早期中国知网文献中是主流,并且迄今仍然在这两个领域大量广泛地使用。三是运用于企业运行,结合现代企业制度的构建,研究公司治理结构等,起始时间大约是20世纪90年代中期。四是20世纪90年代中后期到十八届三中全会之前,这一时期的文献开始受到西方治理理论的影响,人们将源自西方的"governance"概念引入我国公共管理研究领域。五是十八届三中全会之后,围绕着国家治理现代化,形成了一系列创新性的研究成果。

(一)对治理理论及其实践价值的深入解读

1. 现代治理概念的辨析。20世纪90年代中后期至十八届三中全会这段时期,是我国理论界对西方治理理论进行引介、解读并尝试将之用于我国行政

---

① [英]鲍勃·杰索普.治理的兴起及其失败的风险:以经济发展为例的论述[J].国际社会科学杂志(中文版),1999(1):31-48.

② 《荀子·君道篇》。事实上,在中国古人的经典论述中,更常使用的是"治"这个词,如孔子谓宓子贱曰"子治单父,众悦。子何施而得之也",参见《孔子家语·辩政》。

③ 李龙、任颖."治理"一词的沿革考略——以语义分析与语用分析为方法[J].法治与社会发展,2014(4):5-27.

改革（过程）中的阶段。部分对西方政治与行政理论与实践发展较为熟悉的学者，敏锐地捕捉到了20世纪80年代末90年代初治理理论在西方的出现及其影响，认为"在社会管理事务日趋膨胀，社会矛盾日趋尖锐的同时，各国政府的政治统治和社会管理能力却普遍出现了无力感、低能感等能力萎缩症"，①认为在种种探索的基础上，治理途径成为一种受到重视的选择，这实际上认识到了西方治理理论与实践之所以兴起的所谓"统治失效""可管理性"等问题。当然，在这一阶段，人们对于治理的概念，一定程度上还没有摆脱传统的认知，即把政府治理仍作为政府管理的同义语或相近语来使用。不过，也已经有学者开始认识到治理所依据的不单单是国家的公共权力，也包括社会的自治权，并认为社会自治权也是一种公共权力。②随着《国际社会科学杂志》（中文版）1999年第1期的出版，集中翻译了西方治理理论的十多篇有影响的论文，西方治理理论和实践开始在我国学术界产生较大的影响，不同于传统政府统治与管理意义上的治理概念开始被学者们广泛论述。从公开发表的文献来看，很多学者仔细品味现代西方语境中的"governance"一词，将其与"government""governing"（统治）明显区别了开来，从而赋予了汉语语词"治理"不同于以往的含义。

2.治理理论的中国适用性分析。这一时期的中国学人，不仅具有强烈的借鉴意识，而且具有敏锐的问题意识。在辨析概念，厘清机制与过程，找准目标与方向的基础上，对如何在我国借鉴西方治理理论进行了思考。

由于现代治理理论和实践，作为对福利国家以及市场失灵的一种替代方案，起初主要是在西方发达国家得到广泛的研究和实践，因而，我国学术界对于这一源自西方的治理话语及其实践应用是否具有广泛的适用性，特别是是否适合我国国情，进行了分析。俞可平指出，治理理论在"全球化和不确定性日益增加的大变革时代"成为一种适应变革的"强势政治理论话语"，治理理论对于"寻求善治的制度平台，转换公共政策制定模式，摆脱市场化进程中公共管理的低效，在理论和运作上均有十分重要的借鉴意义"。③这一观点在中国学人中是具有代表性的一种认知，从治理理论引入我国以来，迄今不断有学者在解析治理理论的基础上，主张其对我国治道变革的借鉴价值。同时，对于治

---

① 施雪华.政府综合治理能力论[J].浙江社会科学，1995（5）：8-13.
② 徐勇.GOVERNANCE：治理的阐释[J].政治学研究，1997（1）：63-67.
③ 俞可平.治理和善治：一种新的政治分析框架[J].南京社会科学，2001（9）：40-44.

理模式的中国适用性,也有不少学者持谨慎态度,认为"中国的治道改革必须从中国的问题出发,在中国的社会政治环境中,寻找适合于可以对中国问题具有解释力、可以解决中国问题的政府管理理论"。①

3. 治理理论的深度探析与评判。从 2003 年开始,我国学者对于治理的研究逐渐由引入解读式为主开始向深度研究行进,开始站在认知主体的主动视角对治理理论和实践进行评判。这方面的成果很多、观点很多。

学者们认为,治理理论从全球治理的角度,力图建构全球政治模式的共同价值、共同概念,这样的"元叙事",被认为是一种现代性思维;而在地方治理中,学者们则倾向从微观的具体的甚至琐碎的事务中入手,反映了后现代重实用、重行动的特点。因而,治理理论就兼具现代性和后现代性的特点。②

有的学者认为,治理概念在使用中存在泛化和滥用的情形,其内涵外延存在模糊之处,但都存在着行动者、关系、制度、过程等关键要素,"包含全部要素的概念才是治理的本质,治理的内涵通常包含管理主义、多元主义、制度主义、网络性和对两分法边界的跨越"。③

有的研究则深入解读了治理的规则与逻辑问题,认为治理网络主体的关系存在一系列机制,可以分为宏观机制和微观机制两个层面:宏观机制即社会机制,给治理运行提供外生变量支撑,包括信任、宏观文化、联合制裁、声誉等要素;微观机制即治理的工作运行机制,包括进入壁垒、学习创新、激励约束、决策协调等。同时,宏观机制和微观机制,又是按照"关系、互动、协同"这样的逻辑线索发生作用的。④

有的学者从公共行政学范式角度研判,治理作为一种范式,可能化解了传统的政治行政二分法导致的效率与价值的背离,因而推动了学科的发展,但作为一种范式,其得到广泛认同是"以形而上学和信念层面的混乱及实用主义的盛行为代价,表面的认同背后隐藏着深刻的分歧"。⑤

这一时期,也有一些研究成果,从治理理论的某些特征出发,来深入解读

---

① 楼苏萍.治理理论分析路径的差异与比较[J].中国行政管理,2005(4):82-85.
② 郁建兴、刘大志.治理理论的现代性与后现代性[J].浙江大学学报(人文社会科学版),2003(2):5-13.
③ 余军华、袁文艺.公共治理:概念与内涵[J].中国行政管理,2013(12):52-55、115.
④ 孙国强.网络组织的治理机制[J].经济管理,2003(4):39-43;孙国强.关系、互动与协同:网络组织的治理逻辑[J].中国工业经济,2003(11):14-20.
⑤ 王诗宗.治理理论与公共行政学范式进步[J].中国社会科学,2010(4):87-100、222.

治理理论与实践，多中心治理理论受到了一定的关注。一些学者认为，多中心治理是在公共管理中存在政府、社会以及市场等多个维度的不同微观主体，它们互不统属，在公共服务中"八仙过海，各显其能"，认为"多中心的行政体制具有解决社会问题的巨大优势"。① 也有学者研究了网络化治理，认为政府、市场与社会主体一起构成了治理的多元主体结构，他们为了追求共同的价值和诉求而在互动中实现网络合作，这一机制对于准公共产品的提供效能要优于政府机制和市场机制。②

把治理解读为多中心架构，实际上存在碎片化的隐患，因而也有学者从合作角度看待治理，即虽然治理是由多元主体互动构成的过程，但多元主体之间是合作治理关系，"合作治理是与合作型的信任联系在一起的，在现实的社会发展进程中，合作型的信任关系是与合作治理模式一道成长起来的"。③ 有学者认为，合作治理与参与治理、社会自治是三种不同的治理模式，"参与治理是在民主行政的理想追求中出现的，社会自治是在非政府组织以及其他社会自治力量的成长中展现出来的，而合作治理则是社会自治力量成长的必然结果，也是对前两种社会治理模式的扬弃。合作治理是一种正在成为主流的社会治理模式"。④ 对于多中心碎片化问题，也有学者在反思新公共管理的基础上，强调不同政府部门、政府层级之间的整体性合作治理，⑤ 认为整体性治理必须充分利用各方的资源和优势，"自发生成多变的网络治理结构"，⑥ 认为整体性治理突出预防导向、公民需求导向以及结果导向，"强调整体性整合，强调整合信息技术、简化网络、提供一站式服务，注重内调目标和手段的关系，注重信约、责任感和制度化。"⑦

也有学者一般地对地方治理进行了理论研究，他们从管理网络、授权理论、社会解释理论、社会资本概念等角度概括治理理论的要义。他们认为基于上述要义，应扩大地方政府的决策范围，使之成为具有战略性能力的地方政

---

① 于水.多中心治理与现实应用[J].江海学刊，2005（5）：105-110、238.
② 陈剩勇，于兰兰.网络化治理：一种新的公共治理模式[J].政治学研究，2012（2）：108-119.
③ 张康之.走向合作治理的历史进程[J].湖南社会科学，2006（4）：31-36.
④ 张康之.论参与治理、社会自治与合作治理[J].行政论坛，2008（6）：1-6.
⑤ 竺乾威.从新公共管理到整体性治理[J].中国行政管理，2008（10）：52-58.
⑥ 胡象明，唐波勇.整体性治理：公共管理的新范式[J].华中师范大学学报（人文社会科学版），2010（1）：11-15.
⑦ 曾凡军，韦彬.后公共治理理论：作为一种新趋向的整体性治理[J].天津行政学院学报，2010（2）：59-64.

府，且地方政府不是以直接行政干预的方式发挥作用，而是要担当"社区领导"的角色，这就需要地方政府具备三个新的管理技能，包括激活技能、促进合作的组织技能以及行动者行为调节技能。①

4. 我国治理实践的研究。除了进行认知主体视角的哲学层面的研究，我国学人十分重视运用治理理论，来研究我国的治理实践。

在市场领域，市场主体为了共同诉求结成民间商会和行业协会，实现对市场秩序的协调治理，这一现象得到了我国治理研究者的重视。有学者专门对温州这一个体民营企业较发达的地区的自发自治性商会的治理运行进行了剖析，认为在温州，民营企业家群体自发组建起行业协会或商会等自主的市场治理结构，"不断完善和健全商会的组织结构和治理机制"，形成了"一套基于群体自愿遵守的制度规范和纠纷化解机制"，增进了会员的利益，温州民间商会协会等的大量出现，"大大增强了社会的自组织化程度，并且以其独特的组织优势公开地介入社会公共事务的治理之中"；同时，研究也指出，民间治理机制的运行和发展，需要政府予以制度支持，"上下互动的演进模式应是我国民间商会和行业协会自主治理真正实现的现实路径"。②有学者认为，我国地方政府管理的治理色彩的治道发展变革，与市场经济特别是民营经济的充分发展密切相关，这在浙江省域表现得较为明显；在基层层面，在公共管理和服务中引入社会参与，在公共权力的具体运行方式和过程方面，作出一系列创新，适应了市场经济和社会发展的趋势和要求。③人们认为，地方治理中，政府职能的转变可以为治理机制提供空间，我国政府仍然是治理实践的决定性因素。尤其是在责任承担和治理协作体系的构建上，"政府在治理过程中承担了关键性角色，也发挥了关键作用"。④

也有学者研究了跨行政区域的公共事务治理问题，这实际上涉及互不统属的公共机构如何通过沟通协调相互配合解决公共问题，是典型的治理机制的运用情形。学者认为"治理区域公共事务的关键在于受区域公共事务影响的利益

---

① ［英］杰瑞·斯托克、楼苏萍、郁建兴.地方治理研究：范式、理论与启示［J］.浙江大学学报（人文社会科学版），2007（2）：5-15.

② 陈剩勇、马斌.温州民间商会：自主治理的制度分析［J］.管理世界，2004（12）：31-49，55.

③ 何显明.市场化进程中的地方治理模式变迁及其内在逻辑——基于浙江的个案研究［J］.中共浙江省委党校学报，2005（6）：14-22.

④ 王诗宗.地方治理在中国的适用性及其限度——以宁波市海曙区政府购买居家养老政策为例［J］.公共管理学报，2007（4）：45-52、123.

相关人能够组织成相应的供应单位，该供应单位必须选择利益相关人表达偏好的方式，在利益相关人之间采用分摊成本的方法，并选择相应的生产单位来生产治理区域公共事务所需要的公共品"。① 此外，理论界一直有学者运用治理这一概念研究农村公共问题，也形成了较为丰富的研究成果。

5. 法治与治理分析。从法的视角，对治理的研究，在这一时期也形成了诸多研究成果。研究者认为，"公共治理对公法的依赖性，不仅体现为依靠公法确认一种防止治理失灵的善治目标，而且体现为通过公法建构一套由治理范围、治理主体、治理行为和治理监督救济机制共同构成的公共治理行动结构"，② 与此同时，公法体系也要应公域的结构性变化而作出适应性调整。而与行政权力运作密切相关的行政法，也要进行改革，由过分强调命令—服从逻辑，转变为认同—服从的行政法治理逻辑。③ 也有学者强调了宪法在社会治理中的重要性，认为通过宪法治理凝聚社会共识，是社会治理的内在因素与基础。④

（二）国家治理体系与治理能力现代化研究

十八届三中全会之后，我国国内治理研究开始融入国家治理现代化这一时代命题之中。这一时期，在国家治理现代化语境中，治理概念发生了新的变化。而在我国的治理体系和治理能力现代化语境中，学者认为，从本质上而言，治理"更偏向于中国传统意义上的治国安邦这一概念"⑤。这也就意味着，国家治理现代化语境中的治理，与西方治理概念削弱国家和政府的地位不同，而是强调正式的政治权威在国家公共事务中的核心地位。

这一时期，治理概念被扩展或细化为多个亚概念，主要有国家治理、政府治理以及社会治理，很多学者对这三个重要概念进行了细致入微的辨析。

关于国家治理，学者认为从字面上来看，包含治理国家和国家治理两方面含义，即国家可以是治理的对象，这时国家是作为民族国家的形态出现的；另一方面的含义则是，国家作为主体行使治理主体权，这时国家是作为公共权力

---

① 刘亚平、颜昌武.区域公共事务的治理逻辑［J］.中山大学学报（社会科学版），2006（4）：94-98、127.
② 罗豪才、宋功德.公域之治的转型——对公共治理与公法互动关系的一种透视［J］.中国法学，2005（5）：3-23.
③ 罗豪才、宋功德.行政法的治理逻辑［J］.中国法学，2011（2）：5-26.
④ 韩大元.宪法实施与中国社会治理模式的转型［J］.中国法学，2012（4）：15-25.
⑤ 薛澜、张帆、武沐瑶.国家治理体系与治理能力研究：回顾与前瞻［J］.公共管理学报，2015（3）：1-12, 155.

组织形式的形态出现的,主要表现为政府体系。①学者认为,我国国家治理是依循马克思主义国家理论,特别是关于国家的统治职能与管理职能的相关原理,结合时代发展,特别是改革开放以来经济市场化和社会发展的需要,以及政府职能调整与转变等实际应运而生的。我国国家治理的基本含义是"在中国特色社会主义道路的既定方向上,在中国特色社会主义理论的话语语境和话语系统中,在中国特色社会主义制度的完善和发展的改革意义上,中国共产党领导人民科学、民主、依法和有效地治国理政"。

而政府治理,其"主体主要是各级政府行政机关和部门",政府基于我国的国体,在党的领导下,"基于党和人民根本利益的一致性,维护社会秩序和安全,供给多种制度规则和基本公共服务,实现和发展公共利益"。政府治理主要包括政府对自身内部结构、机制、履职能力等的管理、对市场经济运行的调控和管理以及对社会公共事务的管理。②

对于社会治理,学者认为,对于这里的"社会"一词,可以解析如下:一是作为治理的主体的社会,它是国家与社会二分法下的社会概念;二是作为治理对象的社会,则是指经济、政治、文化、社会、生态"五位一体"中的社会。所谓社会治理,"是指由国家和政府主导的,企业、社会组织、家庭以及社会公众积极参与的多方力量,运用法律的、道德的、经济的、文化的、教育的等多种手段,对国家治理中的社会问题进行综合治理,以改善民生,化解社会矛盾,促进社会公平,从而推动社会和谐有序的实践活动"。③

三、对国内外研究的几点认识

通过对国内外关于治理的研究,我们可以认识到,治理作为一种理论,是对全球范围内人们的治道变革实践在意识层面的一种反映。治理理论的目的,在于研究如何更好地组织人们的公共生活,解决人们的公共关切,促进公众的福祉。从这一角度而言,治理与统治和管理具有一脉相承的内在统一性。治理区别于后两者的地方,在于过程和方式,即治理的过程是相对开放的,总体上是多方寻求达成一致,并依赖大家的和衷共济,来促进愿景和目标的实现。而

---

① 关锋."国家治理现代化"对历史唯物主义国家观的推进[J].教学与研究,2016(11):27-36.
② 王浦劬.国家治理、政府治理和社会治理的含义及其相互关系[J].国家行政学院学报,2014(3):11-17.
③ 包红梅.论"社会治理"的三个基本问题[J].学术探索,2017(4):41-45.

统治与管理则总体上依赖正式的政治权威作为公共议程的推动者和政策过程的协调控制者。

尽管"治理"一词在我国语境中经常与其他表征范围的词汇连用，比如国家治理、社会治理、市场治理、环境治理等，并且由这些词汇搭配，人们演化出各种概念辨析。比如对于社会治理，人们辨析认为，社会既是治理的对象，又是治理的主体，等等。但总体而言，治理就是指相关主体对特定范围各种关系或事务的主动介入，目的在于特定范围内的人民或特定事务的相关群体的福祉得到增进。比如，国家治理，就是政党、政府（包括各种公共权力）、社会组织和人民对整个国家范围内的一切关系、活动和问题的介入，这种介入的目的是为了整个国家各方面事务得到更好的推进；社会治理、市场治理、环境治理等与国家治理同理。

有些学者认为我国国家治理的内涵更接近于传统的治国安邦，即执政者的治国理政，一定意义上呼应了我国传统政治文化的特定方面，也照应了现实国家运作中党和政府是国家范围内最为强大的组织体系这一事实。然而，把内涵丰富的国家治理概念和实践，简单地简化或等同于历史上执政者治国安邦这一概念，我们认为，这不符合新时代我国社会的深刻变化，尤其是不符合国家治理体系和治理能力现代化的要求。无论特定国家和地区的国情特征具有什么独特性，国家治理总是指向某种程度上的合作治理状态。新时代我国国家治理，是我国社会主义建设进入新时代的条件下，以党的领导为核心，党和政府以及各种公共权力机构，以及各种社会组织和广大人民，依法有序对国家范围内的一切关系、活动和问题的优化、协调和解决的过程。这一国家治理过程的根本目标在于为人民谋幸福，为民族谋复兴。不同国家的国家治理深深地植根于一个国家的传统文化特别是政治文化，基于一个国家既有的政治经济社会文化生态。

通过对国内外的治理理论研究的梳理，我们发现，人们较多的关注治理作为一种集合活动的过程，关注主体的构成，关注权力和权威的来源及其作用方式，关注政府与非政府的关系，关注治理的效能等方面。这些方面无疑是非常重要的，为我们深入理解治理理论和实践提供了知识资源。但既有理论似乎就作为制度的文化对治理的作用缺少足够的关注。文化作为一种无形制度深刻影响着人们的观念和行为，某种意义上是治理模式或过程的精神内核。国家治理过程必然蕴含着相应的治理文化体系。本书所用的文化概念，是指与人们的是非观、善恶观、价值观等密切相关的影响、塑造和约束治理主体和社会成员的心理与行为以及相互关系的人类精神财富，比如我国官员箴言"为官一任，造福一方"就是一例。虽然治理理论突出场景中多方主体之间的诉求交互、行为互动、资源依赖等，治理过程如果说十分依赖主体互动的话，那么，主体所具有的文化价值观等对于促进协作的自律进而促进治理过程的流畅进行，也具有不可低估的价值。

第三节 研究方法

古人说"善舟楫者，能绝江河"。当研究目的确定之后，达到这一目的的路径选择，也就是方法的确定就对研究的科学性和深度具有决定性的意义。对于国家治理的文化研究这一论题，本书将以新制度主义经济学中的制度理论和系统分析为核心方法，展开研究。

一、制度分析方法

本书将新制度主义经济学中的制度理论作为核心研究方法之一。制度（institution）就是"一系列被制定出来的规则、守法程序和行为的道德伦理的行为规范"。[1] 新制度经济学认为，制度可以划分为有形制度和无形制度。有形制度是由政府依据政治权力设计出来并强制执行的规则，包括"用以界定国家的产权和控制的基本结构"[2]的宪政秩序规则，还包括作为"约束特定行动模型和关系的一整套行为规则"[3]的制度安排，例如各种法律、法规等。无形制度是人们在交往过程中自发形成的规则，例如风俗习惯，而意识形态则是内在的、非正式的行为约束中的核心部分，无形制度一般可以概括为文化概念。与治理相关的文化可以被看作是一种无形的制度，它跟有形的法律、政策等同样具有规范人们行为的作用。

作为制度的文化塑造和约束着人们的行为，提高着人们行为的可预测性，

---

[1] [美]D·C·诺斯.经济史中的结构与变迁[M].上海：上海三联书店，1994：225-226.
[2] [美]D·C·诺斯.经济史中的结构与变迁[M].上海：上海三联书店，1994：225-227.
[3] 林毅夫.关于制度变迁的经济学理论：诱致性变迁与强制性变迁[M]//[美]D·C·诺斯.财产权利与制度变迁：产权学派与新制度学派译文集.上海：上海人民出版社，1994：377.

增进着人们之间的信任,促进着人们之间的分工和协调。因而,合理有效的制度安排和文化教化能够带来人们福利水平的提高。①

新制度经济学认为,在作为一个复杂系统的并不断演化的经济政治社会体系中,制度是如此重要,同时也经常处于动态的不均衡之中。当制度不均衡时,无论市场、社会主体或是国家,都可能主动寻求制度的变迁。前者一般称为诱致性制度变迁,表现为"由个人或一群(个)人在响应获利机会时自发倡导、组织和实行"②的自下而上的变迁过程。后者引起的制度变迁一般称为强制性制度变迁。因为国家拥有合法暴力,通过各种框架约束着非政府主体的行为,因此国家对经济效率和社会和谐负有责任。为了寻求经济社会发展和人民福利,国家会以法律约束、政府命令等方式实现强制性制度变迁,并且这种变迁对社会而言是自上而下的强制性的,且"可以纯粹因在不同选民集团之间对现有收入进行再分配而发生"。③治理文化作为一种无形制度,也会随着经济政治社会体系的实践发展而产生自身的变迁。

二、系统分析方法

治理作为一种人类社会的活动,牵涉方方面面的要素,因而是一个系统过程;而且,由于在治理过程中,特别是在一些复杂公共事务的治理过程中,所涉及的时空范围、主体及利益关系、客体及环境等更为复杂。因而,把文化要素看作治理的一个方面,运用系统分析方法,来研究治理文化是很恰当的。系统理论是与现实工作实际贴合度较高的一种思维方式和方法指引。系统是由两个或两个以上的要素构成的整体。系统要素之间通过相互作用而产生高于系统要素算术和的新质。系统分为开放系统和封闭系统。人类社会的各种组合属于开放系统,不断通过系统内外的物质能量信息的交换而使得系统获得生存和发展,向着更高层次演化。系统要素之间的联系和作用方式表现为系统的结构,这些联系和作用方式可以包括交互作用、反馈调节和长程相关等,作用方式的变化能够引起系统功能的变迁。

---

① [德]柯武刚、[德]史漫飞.制度经济学[M].北京:商务印书馆,2004:32-36.
② 林毅夫.关于制度变迁的经济学理论:诱致性变迁与强制性变迁[M]//[美]D·C·诺斯.财产权利与制度变迁:产权学派与新制度学派译文集.上海:上海人民出版社,1994:384.
③ 林毅夫.关于制度变迁的经济学理论:诱致性变迁与强制性变迁[M]//[美]D·C·诺斯.财产权利与制度变迁:产权学派与新制度学派译文集.上海:上海人民出版社,1994:384.

三、几点思维原则

在运用新制度经济学的制度分析概念工具和理论以及系统分析方法对治理与治理文化现象进行研究的时候，还要在思维方法上注意以下几点：

（1）应把握特殊与一般、现象与本质等辩证唯物主义的认识方法。事物的发展常常表现出多样性的丰富特征，开放系统，特别是有主观能动性的人类群体组成的开放系统，其治理过程及治理文化更是如此。不同国家和地区的国家治理体系和治理文化及其效能，受其本国国情的影响，各有自己的特点，表现出不同的样式。因此，在从文化视角研究国家治理时，既要看到国家治理发展演化中的具体性、特殊性，又要能够通过现象把握住一般的、本质的、规律性的东西，坚持理性原则。

（2）还要善于从历史唯物主义的角度进行把握，坚持历史与逻辑相统一的方法。国家治理是一个客观的历史现象，有国家就存在国家治理，同时国家治理又是一个融合着社会成员和各种治理主体的主观能动性的现象，特别是不同的治理架构可能体现着不同的文化和价值含义。因而，我们要站在历史唯物主义的高度、站在最广大人民根本利益的高度、站在促进社会发展的高度来把握国家治理及治理文化。

（3）从经济基础与上层建筑、社会存在与社会意识的辩证关系高度，把握国家治理的文化内容。从前者决定后者、后者反作用于前者的思维出发，来分析国家治理文化，评价作为制度的治理文化在国家发展中的作用，探讨从文化视角促进国家治理改革发展的思路。同时，经济基础与上层建筑、社会存在与社会意识的辩证关系还告诉我们，文化一旦形成，它们就会有一定的相对独立性和历史惯性，这就要求我们重视优秀的、符合当今社会需要的有益的传统文化，发挥它们在国家治理中的作用。

第四节　总体思路及主要内容

本书从作为制度的文化视角，来认识、剖析国家治理这一对象。在对先哲与近学的观照把握中，在事物发展的特殊性与普遍性中，在经济基础与上层建筑、社会存在与社会意识的辩证关系中，在系统与环境的互动中，在历史唯物主义的辨析中，研究治理在人类生存和发展中的地位和意义，分析中西方经典思想文化作为无形制度对人类治理的规范润泽作用，挖掘我国古人施政过程中的治理制度机制因素。然后，重点探讨我国国家治理体系的文化优势，分析国家治理文化体系现代化的发展路径，并进而研究加强治理文化建设服务新时代国家治理的具体改革创新举措。在这一研究思路下，本书的主要内容框架分为五部分。

一、治理与人类的存在

这一部分从人类生存与发展的根源上进行演绎，从中确定治理对于人类的意义。人类是自然之子，人的生存与发展离不开与自然环境的物质能量和信息的交换，这是历史唯物主义。而人与环境的这种关系因为人的群体性而转换为人作为类而生活的相互关系。这种相互关系总体上分为两类，即战争与交易。战争方式虽有史以来时常发生且迄今仍间或存在，但总体上是向着交易方式发展。治理则是人类生存与发展的交易途径的一种机制。它提供满足各方需求的一种有序、协同、互益的制度，并形成共同体的道德文化意识。

二、西方经典文化中的人与人类治理

治理是人类存在与发展的一种机制，具有重要的价值，因而，古今中外人们从不同层面、不同角度对其进行了广泛而深入的研究。就西方文明而言，亚里士多德、洛克、黑格尔、哈贝马斯、罗尔斯等人的研究堪称西方关于治理的经典思想。这些经典思想中关于人的属性、共同体的目的、个人与国家、公共性、正义及其实现等的思考，都是人与人类治理的重要思想成果，而且这些思想成果在人类历史承继中，已经成为人们思考治理问题的重要文化资源。

三、我国传统经典文化对人类治理的润泽

我国传统经典文化，比如儒家的思想、道家的思想等，对我国古今国家治理有着深远的影响。这些经典文化，蕴含着对人、人性以及人的群体生活、人的类生活的一系列深刻认知和方向指引；蕴含着是与非、对与错的基本判断，对于国家治理实际上起到了一种无形的制度约束的作用。比如孔子的仁政思想、老子的无为思想等，对于国家治理者的行为有着深远的影响，润泽着国

家治理的实践。我国传统经典制度与文化资源是理解我国国家治理的重要角度之一。

四、我国国家治理文化体系及其现代化发展路径

从系统论的角度，我国国家治理文化体系是一个有机的整体，治理文化结构以社会主义先进治理文化为主导，以传统治理文化为基础，同时又在国家运行的不同领域形成自己的具体治理文化。我国国家治理文化体系对于国家治理体系发挥其比较优势、贯彻群众路线和实现国家各领域的有效治理，都具有重要的文化保障作用。随着生产力和经济社会发展，文化上要通过系统协同性和实践回应性路径不断促进国家治理文化的现代化发展；实现居于主导地位的社会主义先进治理文化对其他治理文化的引导、重构、吸纳、统合和规范；实现国家治理文化随着科技革命带来的生产力的发展以及国家治理体系和治理能力现代化实践的深入推进而不断创新发展。

五、加强治理文化建设服务新时代国家治理

新中国成立以来，我国国家发展和民族复兴伟大事业取得了辉煌的成就。在此基础上，新时代我国社会主要矛盾是人民群众日益增长的美好生活需要与不平衡不充分的发展之间的矛盾。新时代国家治理围绕解决这一主要矛盾而展开。要通过改革创新持续推进国家治理现代化，从而促进平衡而又充分的发展以不断满足人民群众日益增长的美好生活需要。在促进这一现代化的进程中，在把握国家治理实践发展的基础上，要重视国家治理体系现代化中的人民信任建设，要大力挖掘优秀传统治理文化以资德治，要在领导干部群体中普遍真正树立终身学习理念以加强学习型干部队伍建设，要强化社会成员个体间和谐文化建设以助力于社会文明程度的提高。要重视治理文化的作用，通过加强治理文化建设服务于新时代国家治理的伟大实践。

第五节　主要创新之处

创新是发现新知、构造新物或采用新的方法、次序等推进事物发展以更好地获得预期目标的行为，创新是思想和学术的生命线。创新作为一种思想品质

同时更作为一种实践类态，是增进人类对世界和自身认识的重要途径。创新需要想象力但又不是向虚凿空。真正的创新需要深厚的学养和丰富的实践积累。人文社会科学的创新还需要有对社会甚至对人类的丰富感情和学人深深的责任感。对于国家治理这样一个宏大而又具有无远弗届之影响的课题，作者固然本着有所增益的出发点，但实则不敢妄谈有超迈之处，只是就这一课题，力图做一些认真的思考罢了。

（1）运用新制度经济学中的制度及制度变迁理论从文化角度研究国家治理。新制度经济学的制度与制度变迁等理论，为我们剖析国家治理提供了有力的工具。某种意义上说，国家治理现代化，就是国家治理制度和文化体系的与时俱进。因而，本书将新制度经济学中的制度与制度变迁理论作为核心研究方法之一，这在国家治理及其文化研究中，是一个有益的尝试。

（2）探讨和发掘我国古代的治理智慧。国家治理某种意义上可以说是对人、社会与国家等相关各方关系的理顺，使之和谐有序，富有生机活力。就此而言，我国古代优秀传统文化包含丰富的与之相关的内容，这在我国古代的诸多典籍中有明确记载或论述。本书将这些凝练在典籍中的古代优秀传统文化及治理智慧进行发掘、分析和探讨，对于我们在国家治理现代化中，继承优秀传统文化特别是优秀传统治理文化是一件有价值的事情。

（3）深入分析了我国国家治理文化对国家治理体系效能的重要文化保障作用。我国国家治理体系具有科学性、人民性、有效性的显著比较优势，取得了社会主义现代化建设的巨大成就，治理效能突出。治理文化体系作为我国国家治理体系的有机构成部分，在产权关系领域、政治公共领域和社会生活领域等的治理过程中，对发挥我国国家治理体系的比较优势和促进治理效能都起着重要文化保障作用。群众路线是实现我国国家治理体系政治公共领域对市场经济领域和社会生活领域的人民意愿进行真实反映和有效回应的重要保障机制，是我国国家治理体系科学性、人民性、有效性的重要实现机制。而我国社会主义先进治理文化与优秀传统治理文化则对于坚持群众路线，具有很好的价值指引和文化保障作用。

（4）探讨了我国国家治理文化现代化的内涵及其路径。治理体系和治理能力现代化及其深刻实践，必然要带动治理文化发生同向演化变迁，治理文化的现代化又反过来促成治理体系和治理能力现代化的良好文化生态。我国国家治理文化现代化具有两方面基本含义，即实现居于主导地位的社会主义先进治理文化对其他治理文化的引导、重构、吸纳、统合和规范；实现国家治理文化随着科技革命带来的生产力的发展以及国家治理体系和治理能力现代化的深入实践而不断创新发展。而治理文化现代化发展则有两个基本路径，一是系统协同性发展路径；二是实践回应性发展路径。

第2章　治理与人类的存在

国家治理，不外乎是对国家范畴内一切事物、事务的协调、改进，使之更好地存在和发展。而一切事物、事务，归根结底，是人的事物、事务，因而，研究和改进国家治理，理应将人作为原点、出发点和归宿，这样才能把握治理的价值指标。单个的人是不能自存于世界上的，人作为主体，是以人类的形式存在和发展的，如果人可以以单体形式存在，人和人之间没有交集，那么可能就不需要太多的国家治理，可能这时候国家也不需要存在了。从这一意义上说，国家治理就是对人及其人类形式进行协调，以增进其福祉的活动过程。

第一节　从物质运动到人

世界处在永恒的运动之中，近现代的哲学和自然科学给我们描示了这一图景。在辩证唯物主义看来，世界的本原是物质；而在客观唯心主义者黑格尔看来，这个本原就是所谓理念，而理念就是"定在与概念、肉体与灵魂的统一"。① 而这个本原，又是运动着的。对于运动，被誉为欧洲近代哲学创始人的笛卡儿认为宇宙中现存的运动的量是不变的。恩格斯高度评价了笛卡儿的这一原理，认为这在哲学上先于自然科学揭示了运动的永恒特征，而自然科学提出力的守恒定律和能量守恒定律则要在其200年之后，当然也同样证明了运动的永恒不变属性，"运动，就它被理解为物质的存在方式，被理解

---

① ［德］黑格尔.法哲学原理［M］.北京：商务印书馆，1961：1.

第 2 章 治理与人类的存在

为物质的固有属性这一最一般的意义来说,囊括宇宙中发生的一切变化和过程,从单纯的位置变动起直到思维""物质……是某种既不能创造也不能消灭的东西……运动也是既不能创造也不能消灭的"。① 恩格斯从系统的角度进一步论证了运动的永恒性。系统就是要素之间相互作用而构成的整体,恩格斯指出"我们所接触到的整个自然界构成一个体系,即各种物体相联系的总体",② 这也就是指明了自然世界的系统性。相联系着的各种物体始终处在相互作用之中,处在一个没有终端的因果链之中,"在这里是原因,在那里就是结果"。③ 由因果链联系起来的系统各要素之间的相互作用,就是运动。系统存在,各要素相互作用就存在,运动就存在;没有运动,没有相互关系,任何物质形式将找不到自己在宇宙中的位置,即无法存在,而这也终将导致系统的毁灭。

人是自然界发展到一定阶段的产物。随着太阳系的形成和地球的演化,当地球的环境适宜有机物生存的时候,无机的自然世界通过相互作用或者说运动过程,产生了最初的有机物。最初的有机物随着环境变化并在适应环境变化的过程中,其内部构成要素的相互作用或运动出现了不同的发展方向,并最终产生了有机物的最高级形态——人。在人身上"自然界获得了自我意识,这就是人"。④ 人要从自然界获取食物,需要通过劳动,运用自己的手及通过手制造的工具。这种运用工具的劳动过程是比人类祖先类人猿的觅食活动远为复杂和高级的活动,而且作为群居物种的人类,在劳动中常常相互协作和沟通,这样在劳动过程中,为了协作和沟通的便利便促使人类语言产生了。在劳动和语言发展的过程中,人的大脑及其思维功能得以产生和发展。当人类自身的结构和功能是如此卓越地区别于动物的时候,人便成为对自然界有着强大反作用能力的高级存在。⑤

---

① 恩格斯.自然辩证法[M]//马克思恩格斯选集:第4卷.北京:人民出版社,1995:346-347.
② 恩格斯.自然辩证法[M]//马克思恩格斯选集:第4卷.北京:人民出版社,1995:347.
③ 恩格斯.自然辩证法[M]//马克思恩格斯选集:第4卷.北京:人民出版社,1995:328.
④ 恩格斯.自然辩证法[M]//马克思恩格斯选集:第4卷.北京:人民出版社,1995:273.
⑤ 恩格斯.自然辩证法[M]//马克思恩格斯选集:第4卷.北京:人民出版社,1995:376-377.

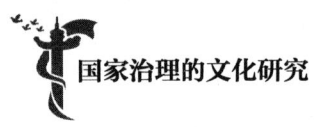
国家治理的文化研究

第二节　从人到人类

　　人的存在，依然是离不开运动的，从客观基础上看，首先是人体内各种要素的相互作用构成人的内部世界系统；其次，人的内部世界系统作为一个单位，与环境系统进行物质能量和信息等的交换。一般而言，人的内部世界系统的运动方式是一个历史演化过程的结果，在今天已经相当成熟，并具有相当的稳定性，虽然我们可以确切地说人的内部运动方式仍然处在继续演化的轨道上。不过这一内部系统的运动的动态平衡和演化方向等，不是我们人类能够在历史的意义上予以干预的。然而，当人作为一个单位，与环境系统进行相互作用并交换物质能量和信息以维持自身生存和发展的时候，却是一个有意识的过程。而且这时人类的存在状态主要是取决于这一有意识的运动过程。当然，其他高级生命的存在也是有其意识的，但是其他生命形态的意识只是基于对内部需要的反映而作出的本能性的初级的思维活动；而只有人的高度发达的大脑，才形成了发达的思维能力。人类意识最初"意识到必须和周围的人们来往，也就是开始意识到人一般的是生活在社会中的。这个开始和这个阶段上的社会生活本身一样，带有同样的动物性质；这是纯粹畜群的意识，这里人和绵羊不同的地方只是在于：意识代替了他的本能，或者说他的本能是被意识到了的本能"。① 这一发达的思维能力使得人们能够认识自然规律，发明更先进的生产工具，对环境带来更大的反作用，明显地获得比其他物种更高的效率。而这一效率明显的是与人们的相互协作分不开的，这最终导致人类和自然界的相互作用性质发生根本性的转化，也就是由人和自然环境的相互作用演变为人和人的相互作用。这样，人的存在的运动基础，便逐步地由人和环境的交互作用，转变到人和人的相互作用上来了。

　　当人的存在主要还是取决于人和环境的交互作用的时候，尽管这时人的早期型态也属于群体生活，但这时的群体生活还具有动物性质，群体的结构还非常简单，还处在人类社会产生和演化的萌芽阶段，群体生活带来的效率，或

---

　　① 马克思、恩格斯.德意志意识形态[M].北京：人民出版社，1961：24–25.

者说群体生活带来的人从自然界所获生活资料与所有单个个体所能从自然界所获生活资料之和相比,并没有显著区别,这时,虽然人的存在是以群体的形式出现的,但从生产力的角度并没有明显的提升。而一当个体的人真正通过分工协作以提高从自然界获取物质资料的效率时,这时人们就由简单的群体生活过渡到了人的类生活,即真正的人类社会生活。此时,历史进入了一个新的境界,在这里,决定个体福祉状态的不直接是人与自然的关系,而是人与人的关系,这一关系越有利于提升分工协作水平,人们从自然界所获生活资料越丰富,反之亦然。由之,人进入了以调节和治理人际关系以寻求生存和发展的类生活历史。人的类生活与动物的类生活有一个根本的区别,就是人作为高智能生物,其类生活是不断演化和改进的,其结果表现为人类的生产力不断提升,而动物的群落不是历史过程,就其结构而言是静止的、固定的,例如蚁群、蜂群等,千万年的历史中,并不发生像人类那样显著的优化现象。

第三节 人类存在的两种基本方式:交易与战争

从有记载的原始社会以来,人类的相互作用方式可以概括地分为两大类:一是交易的方式;二是战争的方式。交易本质上是自愿的互惠的权利的交换,是一种可以双赢的博弈过程;而战争则是一种非自愿的互害的权利的交换,是一种零和博弈过程。原始社会的人们在氏族、部落框架内共同劳动、共享劳动果实,这可以看作是一种契约。在这个契约中,社会成员把自己的劳动权利完全交给氏族和部落组织,然后有权从共同的劳动果实中获取自己的生活资料,并在氏族和部落中获得安全、公共生活权等保障。这个过程实际上就是在原始集体契约框架内的一种交易。这种交易今天看来,和通过货币进行的交易是不同的,但仍然是基于分工的,只是原始社会的分工是由于"天赋、需要、偶然性等而自发地或自然地产生的"。①当然在原始社会规范人们这种交易的是不成文的契约,这个契约不是人们有意识的理性建构。原始社会的这种契约更多

---

① 马克思、恩格斯.德意志意识形态[M].北京:人民出版社,1961:25.

地是一种几乎可以远追猴群时代生活方式的习惯。① 不管是自然选择的习惯使然还是有人们的理性在里边，原始社会的直接民主制的氏族和部落组织结构在保证原始社会成员完成交易时，起到了决定性作用，或者说，这些组织形式就是原始交易本身。但是原始社会的交易只是在氏族或部落内部；而在不同氏族部落之间，虽然也存在交易的交往形式，但为了争夺更好地获取食物的牧场或农地，人们通过战争的方式取得更好的资源和更多的资源的占有权利是经常的事情，这在马克思、恩格斯、摩尔根、西塞罗、卢梭等人的著作里都被大量提到过。

原始社会解体之后，社会的发展可以划分为以土地为核心生产要素和以资本为核心生产要素这样两个大的时期。在第一个时期，又可以划分为两个阶段，即奴隶制阶段和封建制阶段。在奴隶制阶段，战争不仅在不同国家、城邦、部落等之间频繁发生，而且出现了新的隐性的战争形式，这就是国家、城邦内部的新的生产组织形式即奴隶制。奴隶制是战争和掠夺、盗窃等的产物，是一方对另一方的权利的完全占有，所以这是一种战争状态。这时的城邦国家虽然也出现了较兴盛的商品交易，但它是依附于作为主体经济形态的奴隶制的分散的自然经济的。在奴隶主和大商人和尚未败落的自由民那儿存在着为了利益最大化的交易行为。这时的交易出现了私人交易和公共交易的差别。私人交易也就是通常的个人权利交易（产权交易）；而公共交易（政治交易）也就是组织成国家（城邦）的公民以及公民和国家（城邦）之间的互动。在第二个阶段，国家、城邦、部落之间的征伐仍然是频繁的；但是国家内部基本的生产组织形式却是通过交易来组织的，这就是通过地租连接起来的土地租种关系。农民相对于奴隶而言，获得了很大的自由权利，但这种私人交易产生的是一种分散的自然经济。此时的封建商品经济仍然是依附于自然经济的。不过这时的公共交易（政治交易）却被专制体制所取代，人民成为单纯的臣民。

从近代以来，人类社会逐渐进入了以资本为核心生产要素的历史时期。资

---

① 哈耶克是一个反理性建构主义者，他认为人的理性是有很大的限度的，制度是进化的产物而不是人类理性建构的产物。哈耶克曾经讲过，"在各种人际关系中，一系列具有明确目的的制度的生成，是极其复杂但却条理井然的，然而这既不是设计的结果，也不是发明的结果，而是产生于诸多并未明确意识到其所作所为会有如此结果的人的各自行动。……它乃是适应性进化的结果"。从原始社会的生产力水平和知识积累来看，当时的社会制度的确应该恰如哈耶克所说的，是一种进化的产物，是自然选择的结果，甚至可以追溯到猿群的群体生活的某些自然规则。参见 [英] 哈耶克：《自由秩序原理》上册，北京：三联书店，1997年版，第67页。

本的生利要求自由的交易、稳定的契约、无障碍的流通和有保障的产权。资本在发展过程中曾经在交易被迫停止的地方引发过无数的战争，表现为先进国家对落后国家的征服和先进国家之间争夺市场和资源的战争。在国家内部，资本和劳动之间则是更加自由的交易关系，工人比封建国家的农民取得了更多的自由权利。这时的私人交易和公共交易（政治交易）都取得了比过去历史上都远为巨大的规模，而且这时的私人交易成为一个相互依赖的体系，取得了比自然经济高得多的效率。

无论是战争方式还是交易方式，都是由于人类生产力逐渐提高，效率得以提高，进而导致人口增加而引起的。[①] 人口的增多开始改变资源和人口的对比关系，这时，资源的稀缺性和人的需求的矛盾便使得人和人的关系性质发生变化。资源的稀缺性导致人们有可能选择通过战争扩大自身的生存空间。然而战争方式是一种粗放型的方式，而且是一种成本很高的方式，是一种破坏性的方式，通常只是带来对资源的占有关系的改变，并不能真正产生更高的效率；而且，广泛处在这种相互作用中的人们的生活是充满危险和恐惧的。通过分工与协作以及权利的交易可以在既有的空间和资源条件下获得更高的产出，这是一种集约型的成本和风险更加优越的方式。当战争的收益不大于交易的收益时，和平的权利交换便成为可取的选择。所以人类的历史也可以说是一个不断地由交易代替战争的历史。生产力和技术进步不断地提高着人们利用现有资源的效率和收益，也就使得战争方式越来越不划算。

第四节　治理是人类存在的一种机制

人与人类的存在的运动基础，是人和人的相互作用关系。这种关系在人类历史上曾经频繁以战争、掠夺的方式进行。战争方式自古以来又分为两大类别：一是群体战争方式，表现为氏族部落之间、国家之间、阶级之间的军事斗争；二是个体战争方式，即在和平的社会秩序中，个别社会成员通过抢劫、杀

[①] 卢梭曾经给出了一个很有趣的衡量什么样的政府是一个好政府的标准。他认为好政府的判断标准既不是民主与否，也不是其他，而是在一个政府之治下是否带来了人口的繁衍和增加。参见［法］卢梭：《社会契约论》，北京：商务印书馆，2003年版，第106-107页。

人、偷窃等方式，剽掠其他社会成员的财富。[①]战争方式实际上是人本性中的恶与环境相互作用的结果。人本性中的恶源自人的欲望和惰性在环境中受阻。代替战争而又能实现目的的是交易。交易可以是私人的交易，也可以是集合的、公共的、共同的交易。治理机制是后一种交易的方式之一。

治理机制总体而言，是对人的类存在，也就是社会生活的一种框架性制度安排。它帮助单薄的欲望在环境中寻求相簇而茂、相拥而暖、相助而强。这与私人交易还是有很大的不同。私人交易的作用在于通过交换，交易方各自得到对方的某项权利，这项权利能满足自己的某种效用。而治理机制则是通过社会成员之间共同贡献自己所拥有的某项权利，集合成某种新的集合的权利或目的，并为大家所共有。这一共有权利对社会成员的福祉是有裨益的。这一共有权利对于参与各方可能意义不同，但这些不同的意义却都依托于这一共有权利。私人交易如果说是人们私欲的交换，那么治理机制某种意义上说，则是人们私欲通过直接相互依赖而进行的交换。由于治理的交换涉及集体行为，不像私人交换完全可以隐蔽进行，因而治理机制往往是一种公开公共的过程。这一过程具有动人心魄的道德意义。

治理机制中的相互依赖，使得人性中的恶得以实现的途径只能是相互协作、相互依赖。在这里，为了使得单个的欲望获得顺利满足，就必须关心他人、考虑他人、关注他人，自我的实现以他人的同时实现为前提，此欲望与彼欲望相互为前提。于是，人性的恶在这里有可能向善的行为转化。在逻辑分析上，我们可以找到这个恶的起点，但历史地，这个恶的起点会随着人们的试错而渐渐被否定、被放逐、被雪藏在历史之心的深处。因而，治理机制便成为人类道德改善的重要途径，它增进了互爱互助，滋养了命运共同体文化意识，提

---

① 这种个体对社会秩序的破坏，即个体战争的方式，通常是以个案的形式发生的。这类个案一旦引起个体防卫，便时常在社会舆论场域引发关于正当防卫的界定的讨论。社会成员同意组成命运共同体，内含着一份约定，即相互之间以相亲相爱至少不相互突破底线的方式相处。个体对其他社会成员发动暴力战争以寻求非法目的，本质上是对自己承诺的自我践踏和否定。以人仅能以类的形式方能自存而言，其对其他人的战争行为，便是要否定自我与他人的结合，否定类的价值，这时发动个体战争的人实际上是对整个命运共同体的攻击。因而，被攻击者的反击，其权利不是或不主要是作为一个自然人对另一个自然人的反击，而是一个社会人代表整个共同体对发动战争的自我否定者的反击，因而自卫行动在性质上具有合法性，而且是在为整个共同体做贡献。由于代表整个共同体的常规力量是公共机构，因而对于社会个体在遭受攻击时的自卫权利，在不同文化中受到不同程度的限制。传统时代，由于时空条件限制，代表共同体的自卫得不到共同体其他成员的广泛知晓。在信息时代，这种情况发生了很大改变。对于现实中发生的合法防卫，舆论空间特别是网络舆论空间的参与度往往很高，这种参与实际上是共同体其他成员和行使自我防卫权的个体共同对个体战争发动者的回击。

第 2 章 治理与人类的存在

升了人类的力量，使得生存和发展变得更加强劲。

治理机制可以导向善，反过来，人的善对治理机制具有正面的促进作用，这成为社会整体推崇善的原因之一。在这里，治理机制不仅仅是人类以交易方式存在的一种形式，而且内在地使得人类不断地走向更高的道德生活，走向更高的善。也就是说，治理机制是可以引导人类不断提升自身的生存状态的。治理机制在理顺各种关系，凝合各方力量，服务社会需求，完成集合的、公共的、共同的交易，改进人类生活福祉的同时，还能促进人自身的道德状态的发展和完善。可见，治理对于人类的生存和发展具有重要的作用，且随着生产力的发展和提高，越来越需要人们协同进步。因而，治理在作为交易的一种方式意义上，所具有的地位将会越来越高。这也是治理作为一种人群现象，虽古已有之，但却在 20 世纪末期以来在人类公共生活安排中取得重要影响，成为主流话语符号之一的原因。

第 3 章　西方经典文化中的人与人类治理

　　人区别于动物的重要一点，在于人能够有意识地思考自身、自类的存在与发展，从而使得人类不断取得更高的种群生存成就。这些思考，在长久的历史中不断地积累，形成关于人、人类的思想文化认知。这些文化成果当然来源于人们的生产生活实践，但其产生之后，却又反过来，深刻地型塑和影响着人类的社会生活。这些文化成果通常都是通过不同历史时期各个国家的知识分子进行总结提炼并作为道德、真理或知识等予以广泛传播的。这些思想文化以倡导人类的善行为主流，并通过教化在不同国家产生深远影响，逐渐成为不同国家的文化基因。这些文化基因，实际上起到了一种规范人类行为的无形制度的作用，因为这些关于人和人类的思想文化回答了人是什么，什么是善恶，人应该如何选择自己的生活等。这些文化因素，对人们的相互关系和类生活，起到一种心理内在调节和人际间互相注视时的外在调节的作用，实际上是一种最宽泛意义上的人类自我治理。这种自我治理是一切基于组织过程的各种治理的基础，当然也构成国家治理的基础。国家治理与人类的文化自我治理相匹配，会事半功倍，反之亦然。因而，研究中西方思想文化中对人、人类及其治理的认知，对于探讨国家治理很有必要性。我们将把这一研究分为西方和中国两部分。本章将重点梳理西方历史上亚里士多德等人关于人与人类治理的重要思想。这些思想作为一种无形制度，对西方历史和现时的国家治理发挥了重要作用。

第3章 西方经典文化中的人与人类治理

第一节 亚里士多德与洛克关于人与人类治理的思想

古希腊的亚里士多德认为:"人类在本性上,也正是一个政治动物。"[①]他把政治性界定为人的本性、本质,认为政治性使得人们在群体生活中会自然地形成各种不同层次的共同体,并向着更大的共同体演进。古希腊人最大的共同体便是城邦,人们在城邦范围内拥有一种公共生活,城邦生活对于古希腊人具有重要意义。亚里士多德认为人要想完成其本质或者说成为一个完整意义上的人,他必须通过城邦公共生活才能够实现,否则他在人格上就是不完善的。此时,作为城邦公民的个体的人,各有自己的私人产业,各产业的私人组成分工协作的社会生活;同时,城邦公民的政治集合构成城邦国家本身,城邦国家通过其公民的集体公共生活对整个城邦的事务进行治理。城邦作为"一切社会团体"中的重要一种,通过对公共生活和私人社会生活的治理,寻求完成特定的善。

公平正义的问题,一直是人类社会作为类的存在中的核心问题。亚里士多德认为政治的善即为公正,城邦治理需要作为核心价值观的指导思想,而实现公平正义就是指导思想之一。理想的城邦治理应当合理界定什么是正义,并努力创造条件实现公平正义。公平正义的状态,能提升个体的满意度,进而提升整体的和谐性,增进作为类的人的生存质量。城邦把公平正义建立在其公民的政治平等权之上。在政体意义上,古希腊的城邦总体上无疑是符合现代治理概念的平等合作的标准的。但在不同公民参与公共治理的政治平等权方面,人们对于如何实现善的安排,则有不同的实践与看法。在追求政治平等的时候,有的城邦采用民主选举的方式,有的甚至采取抽签的方式在公民中产生公职人员。柏拉图认为根据人的自然禀赋,特别是理性水平的区别,由理性水平高的人居于统治地位,才是正义的;而亚里士多德则认为应做到平均主义与相对主义的平衡,既要把一些基础性的政治权利赋予公民全体,又要根据公民间天赋的区别而有所区别。其实,公平、平等、正义等问题的讨论,关系的是"人在本质上究竟是否平等"这一命题的判断。[②]

---

① [古希腊]亚里士多德.政治学[M].北京:商务印书馆,1965:7.
② 唐士其.西方政治思想史[M].北京:北京大学出版社,2008:29.

英国思想家洛克的研究则给出了与古希腊城邦下人与人类生活有着显著差异的另一幅图景。洛克所处的时代，是资本的力量开始崛起并走上历史舞台的时代，其思想反映了资本对于人、人类及其与国家关系的看法和要求。洛克是通过自然状态假设来一步步推导人及其类的生活的。洛克认为在有国家之前，人类生活在由自然法①统治的自然状态中。自然状态下的人们有两种基本的作为类的生活状态：一是人们互敬互爱，享有完全平等的自由权利，过着有序的生活；二是在自然状态下，人人都是法官，都可以执行自然法，对于违法的人，每个人都可以施加惩罚。这实际上是一种人类自我治理的状态。但这样一来，人们之间很容易陷入相互侵害状态而无法得到有效调节。这时，自然状态往往要陷入战争状态。洛克认为，为了避免战争状态的毁灭性后果，人们放弃各自的审判和惩罚犯罪的自然权力，把应由整个社会立法予以保护的所有事情都交由社会来处理，社会成为仲裁人，这样就可以排除战争状态。洛克认为当人们放弃自己的一部分权力而汇聚为社会权力时，就进入了政治社会，而"只要人们结合为一个整体，拥有共同制定的法律，拥有人们可以向其申诉的有权裁决他们之间纠纷并惩罚罪犯的司法机关，这些人就同处于公民社会之中"，②其实也就是处于国家的治理之下，由国家提供人际关系的调节。但是洛克对国家的范围做了限定，认为人们组成的立法机关的权力绝不能超出公共福利的需要。在很多情况下，例如当有人越权行使任何人都无权行使的权力来谋求个人利益时，人民有权罢免或更换立法机关，重组政府。③也就是说，洛克赋予了社会成员更换政府的道德途径。当然，洛克

---

① 洛克将自然法等同于理性，他指出"理性，也就是自然法"（［英］洛克：《政府论》第二册，北京：九州出版社，2007年版，第307页）。理性包含着思维须符合逻辑性、探求事物的本质和规律等核心指归，而自然法则是隐藏在政治生活世界背后的普遍性、规律性的东西的称谓，故而，在西方政治哲学中，理性就等同于自然法。洛克并没有在自然法上过多着墨，但从他论述自然状态之过程推断，其所谓自然法主要包含自由、平等、克己、互爱等内容。费尔巴哈的人的本质概念似乎可以与之做一个互释。费尔巴哈认为"理性、爱、意志力，这就是完善性……这就是作为人的人底绝对本质"，也就是人作为类的存在的本质。个体通过自己的意识可以从作为对象的他者那里获得对自我作为一个人的意识，获得对人的本质的认识。"人之所以生存，就是为了认识，为了爱……"（［德］费尔巴哈：《费尔巴哈哲学著作选集》下册，北京：商务印书馆，1984年版，第28、30-31页）。似乎黑格尔的"爱"的概念也可以对洛克的导致人们自由平等和谐生活的自然法有互释意义。黑格尔讲的"作为精神的直接实体性的家庭，以爱为其规定"，"所谓爱，一般说来，就是意识到我和别人的统一"（［德］黑格尔：《法哲学原理》，北京：商务印书馆，1961年版，第175页），他认为这种爱并不是一种任性行为和契约行为，而是在伦理中个体寻求实现的过程，是人由抽象的存在走向实体的、现实的存在的过程。黑格尔的爱的概念和费尔巴哈的人作为人的本质的概念，和洛克的自然法是相通的。

② ［英］洛克.政府论：第二册［M］.北京：九州出版社，2007：305-327、409-411.
③ ［英］洛克.政府论：第二册［M］.北京：九州出版社，2007：583-617.

并不是主张社会成员动辄推翻政府,虽然他认为对于违反了人民的委托的政府,人们可以有正当的革命权,但他同时指出,只要政府不是一贯地为恶,那么人民会容忍"统治者的重大失误(mistakes)、许多错误(wrong)和不适当的法律以及人性的弱点所造成的一切过失"。①

比较亚里士多德和洛克的政治哲学思想,我们可以发现,他们的共同点在于,都认为人的类生活离不开国家这一形式,无论是城邦国家还是其他国家形式,总之需要一种公共的生活形式。但他们对于国家与个人的关系的看法又有着很明显的区别。在亚里士多德那儿,一定意义上城邦是高于个体的,个人只有融入城邦之中,才能实现自己,才能获得人格的完善,城邦是具有道德善性、伦理性的存在。而在洛克这里,显然人一开始是自由自存的,国家不是人存在的必要前提。只是人作为类的时候,为了避免相互侵害,而不得不组建国家。在洛克这里,国家起初只是为了做负面调节而产生的,且其不一定是善的。于是洛克给国家限定了活动范围。

其实,古希腊之后,人们对于人、作为类的人与国家的关系早就开始发生了看法上的变化。因为从古罗马开始,随着领土和人口的增多,空间时间和技术的限制,使得不可能所有公民都能参与国家层面的日常公共生活,这与古希腊城邦国家有了很大的不同。从洛克之后,自由主义政治哲学实际上逐渐确立了个人本位观念,即一切是从个人利益、个人自由、个人价值和尊严、个人权利等角度出发,来建构整个人的类生活的存在形态,特别是实现对国家的塑造。

第二节 黑格尔关于人与人类治理的思想

黑格尔理域中,对于人、人类及其共同生活形态,则与洛克既有联系,又有显著不同。总体上来看,黑格尔认同古希腊城邦那种个体与国家高度统一的类生活形态,虽然黑格尔也认识到国家之外人的类生活可以以市民社会的形式运行,但与洛克给予国家之外的人的类生活极高的地位不同,黑格尔认为市民社会只是个体与国家实现伦理统一的一个环节罢了。

---

① [英]洛克.政府论:第二册[M].北京:九州出版社,2007:589.

黑格尔认为包括人类社会在内的世界是理念运动的过程。理念既自在自为，亦可以外在化或他在于有形世界，复可"由他在而回复到自身"。黑格尔的精神哲学就是研究理念"由他在而回复到自身"的运动过程的。精神哲学分为主观精神、客观精神和绝对精神。其中，客观精神阐述了理念在社会世界的逐步跃迁过程。[1]客观精神分为抽象的法、[2]道德[3]和伦理三个阶段。黑格尔以个别与一般、特殊与普遍、主观与客观的统一作为标准，认为在抽象的法和道德阶段人们不能达到真正的现实性，还具有任性和形式性，只有伦理阶段，才使得人获得实体性的规定和定在。伦理阶段分为三个环节，即家庭、市民社会和国家，这三者是合—散—合的关系。家庭阶段，个人统一于家庭，个人的主观和家庭的客观之间是一致的，所以是"合"的状态。随着儿女成长为独立人格个体，原有家庭扩散，家庭完成自身使命，过渡到市民社会。市民社会[4]又分为三个环节：首先是劳动和满足人的需要的体系，此处，人们的特殊性、人们的劳动，与他人结合为相互依存的形式普遍性的体系。在这一体系中，人们由于分工、交换等关系而区分为不同的职业等级。其次，为了保证劳动领域的有序运行，市民社会形成司法体系，通过法律规制及相关手续，使所有权得到肯定，并保护所有权和契约关系；同时通过法院调节私人劳动之间的冲突和矛

---

[1] 贺麟.黑格尔〈法哲学原理〉一书评述[M]//[德]黑格尔.法哲学原理.北京：商务印书馆，1961：2-3.

[2] 黑格尔认为法就是"自由意志的定在"，"意志是自由的，所以自由就构成法的实体和规定性"。当单个的意志自由表现为或还处在直接规定性阶段的时候，这种自由还是"无对立面的在自身中的存在"，这时，作为直接自由的法就叫作抽象的法（[德]黑格尔：《法哲学原理》，北京：商务印书馆，1961年版，第10、36、44页）。这与洛克把人的理性定义为自然法很相似，洛克认为根据自然法人人都是绝对自由的。因之，黑格尔的抽象的法，和洛克的自然法实际上是一个对象。

[3] 在黑格尔的哲学话语中，道德也是法的一种，但高于抽象的法。抽象的法的自由体现在占有、否定以及转让物的所有权的外部活动中，是单个的自为的意志。当自在的普遍的意志将之扬弃，进一步地，普遍意志将人格作为其对象时，这时的意志自由的法，就称为道德。道德发展到主观绝对自信的善之后，与客观的自在自为的善相同一，便成为伦理。参见[德]黑格尔：《法哲学原理》，北京：商务印书馆，1961年版，第108-109、162页。

[4] 无论是黑格尔还是马克思，他们所使用的德语 bürgerliche Gesellschaft（市民社会）一词，系从西塞罗翻译亚里士多德古希腊语 Politike Koinonia（公民社会）的拉丁语 Societas Civilis（公民社会）转译而来。中国国内翻译经典作家著作时，约定俗成把 bürgerliche Gesellschaft 译作市民社会。其实，将之译为汉语的市民社会而不是公民社会，是十分贴切的。因为黑格尔和马克思的"bürgerliche Gesellschaft"这一术语，主要是指物质交往关系，"物质的生活关系的总和，黑格尔按照18世纪的英国人和法国人的先例，概括为市民社会（bürgerliche Gesellschaft）"（马克思：《〈政治经济学批判〉序言》，《马克思恩格斯选集》第2卷，北京：人民出版社，1995年版，第32页）。因而，这里黑格尔和马克思是从物质生产的关系的角度来看待人，这个人就处在物质交往也就是交易关系之中，这个人也就是被市场交易形式决定了的人，所以用"市民"翻译这一术语，是很贴切的。

盾。最后是警察和同业公会。警察起到一种预防任性的、偶然性的行为的作用，从而提供"一种外部秩序"，以保证私人劳动领域存在于形式普遍性框架之内。而同业公会则在职业等级范畴或畛域内，实现特殊性与普遍性的局部的伦理性统一。① 在这里，黑格尔既是通过三个环节揭示市民社会的内容，又同时标指出了市民社会三方面的功能。

但黑格尔认为市民社会的功能尚不能完成人格的完善。黑格尔认为"市民社会是各个成员作为独立的单个人的联合，因而也就是在形式普遍性中的联合，这种联合是通过成员的需要，通过保障人身和财产的法律制度，和通过维护他们特殊利益和公共利益的外部秩序建立起来的"。② 值得注意的是如何理解"形式普遍性"的意涵。市民社会是由家庭的统一的"合"走向"散"的过程，也就是人们之间存在着特殊性和差别性的状态，只是在"形式上"大家似乎是一个整体，但在这个共同体中的人首先是一个私人，主观上是为了私人目的而结合为一个整体，个体目的和社会目的不像家庭那样具有一致性。因此，黑格尔认为，市民社会不是一个自足的领域，必须和国家这一更高级的统一体相结合才能避免毁灭。在黑格尔的论述中，同业公会在由市民社会到国家的过渡中具有重要作用。同业公会是由产业等级依据职业领域而划分和组成的，③ 在同业公会中自私的人的特殊性会自觉地思考和普遍性的统一，进而获得主观目的和普遍的、公共的目的之间融合，这就是伦理力量的回归和显现，这种回归和显现"虽然是局限的，但是具体的整体"。④ 伦理性的东西回到市民社会之后，渐次地，"市民社会的领域就过渡到国家"。⑤ 国家是伦理运动的第三个阶段，是伦理理念的终极实现，是至善的定在，是由市民社会的"散"重新走向"合"的否定之否定阶段。虽然黑格尔论述了市民社会作为个体满足需要的体系是相对区别于政治国家的，但基于其理念运动的逻辑，他认为个体只有

---

① ［德］黑格尔.法哲学原理［M］.北京：商务印书馆，1961：197、203、211-212、222、226、228、237-238、248-249.

② ［德］黑格尔.法哲学原理［M］.北京：商务印书馆，1961：174.

③ 黑格尔认为，同业公会组织，主要是产业等级，也就是从事工商业的等级所特有的。此外还有农业等级和普遍等级。黑格尔认为，农业等级的家庭生活与自然生活本身就具有主观与客观的统一，具有普遍属性，而普遍等级也就是在政府中工作的人们的等级，本身就以普遍物为活动目的。因而，后两个等级无须同业公会组织。参见［德］黑格尔：《法哲学原理》，北京：商务印书馆，1961年版，第248、322页。

④ ［德］黑格尔.法哲学原理［M］.北京：商务印书馆，1961：237、248、251.

⑤ ［德］黑格尔.法哲学原理［M］.北京：商务印书馆，1961：248、252.

归并为国家的一分子才具有"客观性、真理性和伦理性"。他要求人们绝对相信"国家权力的其他环节①从来就为国家着想,并献身于普遍目的",②并强悍地宣称"政府好像是受邪恶的不大善良的意志所支配这一假设是出于贱民的见解和否定的观点"。③一个很有趣的对比是,洛克没有区分公民社会和政治社会,但留给我们一个强大的公民社会意象;黑格尔发现了市民社会的相对独立性,但他认为是国家反倒是市民社会的"真实基础",是"最初的东西",是作为实现了的伦理理念和精神的国家从自身中划分出了市民社会。④

某种意义上说,黑格尔与洛克都是从人、人的类生活出发,最终引出国家的产生。之所以都要产生国家,在于人及其类生活不能完全自治,存在着基于人性的缺陷,故而需要国家发挥其应有功能。因而,在他们这里,政府的治理,对于人、人的类生活是必不可少的,必然的。但两位思想家的逻辑运思又有所区别。洛克主要从政治角度阐明了人与社会的权力是产生国家权力的前提,认为人本来不必依赖于国家;而黑格尔主要从自我与他者的协洽的伦理角度,认为人获得真正的自治在于融入普遍性之中,而其最高形式便是融入国家。对于人与其类生活的自我调节自我治理,洛克主要从自然法的角度做了概括性的描述,而黑格尔则对于家庭与市民社会的自我调节做了较为具体的分析,更形象地展现了社会自我治理的现实性。

第三节 哈贝马斯与罗尔斯关于人与人类治理的思想

对于人、人的类生活以及国家的整体治理安排,德国著名学者哈贝马斯(Jürgen Habermas)作出了自己具有影响力的研究。哈贝马斯的研究比较关注公共性这一命题,认为实现公共性、真实的公共性是保证社会自我运行和国家权力运行符合人类需求的核心命题。

---

① 黑格尔认为,政治国家或国家权力分为三个环节,即立法权、行政权和王权。此处黑格尔所说的国家权力的其他环节是指行政权和王权。黑格尔虽然认为立法权是"规定和确立普遍物的权力",但他认为立法权是一个整体,在其中起作用的首先是王权和行政权,而议会中的人民代表以及人民反而是次要的,是不了解自己利害所在的。参见[德]黑格尔:《法哲学原理》,北京:商务印书馆,1961年版,第286-287、318-319页。
② [德]黑格尔.法哲学原理[M].北京:商务印书馆,1961:320.
③ [德]黑格尔.法哲学原理[M].北京:商务印书馆,1961:320.
④ [德]黑格尔.法哲学原理[M].北京:商务印书馆,1961:252.

第3章　西方经典文化中的人与人类治理

哈贝马斯的研究是植根于近现代以至当代资本主义经济政治社会的演化而进行的。在哈贝马斯的语境中，随着近代资本主义市场经济边界的扩大，生产和贸易领域急剧扩张，产生了具有财产权的私人；同时随着经济关系的扩展，带来了信息传递的需求，信息传递催生书报刊物，作为具有财产权的私人一开始经由书报刊物等形成文学公共领域，很快文学公共领域便具有了议政功能，由之产生出政治公共领域，由此，经济领域的私人进入政治公共领域，成为公共人，或者可称之为公民。"公共领域是在国家和社会间的张力场中发展起来的，但它本身一直都是私人领域的一部分"，[①]是国家内部与政府管制相对应的社会自我治理区域。在哈贝马斯的理域中，在自由竞争资本主义时期，政治国家、市场领域和公共领域相互联系、良性互动，促进社会制度安排的公共性，保证人们的自由和发展。市场领域的自律功能和公共领域的批判功能形成资本主义社会的自我平衡和完善机制，为人们寻求更好的生存和发展机会提供支持，在私人自律下，人们在自由竞争和等价交换等原则下，诚实劳动，进而获得财产和良好的教育，而具有这两项要素，人们就可以自由加入公共领域。[②]而加入公共领域的人们又可以更好地通过公开批判和讨论，为自身的发展提供更好的外在条件。

哈贝马斯认为，从19世纪中后期开始，在垄断资本主义时代，原先的市场领域、公共领域以及政治权力领域的公共性形成机制出现了瓦解，甚至导致资本主义国家的国家治理出现了合法性危机。一方面，垄断时代国家的力量深度介入社会化大生产，市场自律领域与政治国家领域开始重新融合。另一方面，在垄断资本主义阶段，不仅市场领域独立性趋向弱化，哈贝马斯认为公共领域这时也逐步瓦解了。因为作为私人的公民在国家和市场融合的条件下，私人产权受到侵蚀，失去了独立性的自由的自主的经济地位，而且公共舆论作为公共领域的重要机制也被商业化侵蚀，公众成为文化消费者，而不再是文化批判者。这样，公共性消失了。由于国家的政治领域缺乏了原先来自社会的公共性的批判和平衡，国家政治领域便也就与社会同步，出现了被垄断资本所左右的情形，其公共性也不如以前。面对这样的人的类生活治理状态，哈贝马斯力图重构公共性合理性，他将教会、学会、独立传媒、市民协会、职业团体、政党和工会等作为非市场非国家的人们社会交往的主要建制，认为在社会交往与

---

① ［德］哈贝马斯.公共领域的结构转型［M］.上海：学林出版社，1999：170.
② ［德］哈贝马斯.公共领域的结构转型［M］.上海：学林出版社，1999：94-96.

社会生活中，人们可以通过对话与语言的交流达到合理性，这一合理性能够矫正垄断资本主义和福利国家时代的公共性的退化，而这需要加强由私人所组成的各种经济和社会组织内部的公共性。①

对于人、人的类生活以及国家的整体治理安排，美国著名政治哲学家罗尔斯则在1971年出版《正义论》一书，集中论述了他关于如何实现和促进正义的思想。罗尔斯之所以研究正义问题，是因为罗尔斯面对着美国社会在垄断资本主义时代的一系列问题，比如严重贫富分化、经济危机、种族歧视等。哈贝马斯将这些问题归结为垄断资本主义时代公共性的消解，罗尔斯则归结于正义问题，认为是没有实现保障社会有序运行的正义，所以才出现了国家治理中的诸种问题。

在罗尔斯看来，"正义即公平"。②也就是说，要想实现国家的有效治理，罗尔斯认为应当把实现社会公平作为真正实现社会正义的途径，没有公平，就不符合正义。罗尔斯是从原始状态这一理论假定来推理其公平的正义观的。原始状态中的人们，仍然是过着人的类生活，类生活自然就会有人际间的矛盾与冲突，因而也就需要调节人们相互关系的法则。罗尔斯的原始状态假设与洛克的自然状态假设有一定的相似之处，不过洛克的自然状态中的人际关系是由自然法调节的，而在罗尔斯这儿，人际关系则是由正义观调节的。在原始状态中，人们会选择什么样的正义观来调节相互间的关系呢？罗尔斯认为，这是由原始状态中人们的特点决定的。这一特点总体而言就是人们既处在无知之幕中，又具有自利理性。所谓处在无知之幕中，即人们不知道自己在社会中是处在优势地位还是劣势地位；所谓又具有自利理性，则是指，"每个人在选择原则时都以最大的努力来促进自己的利益""一个有理性的人通常被认为对他面临的选择具有一种合乎逻辑的偏爱"。③显然，在无知之幕下，理性的人只有选择公平的正义观来调节相互关系，才是最保险的，才是最能降低自己的人生风险的。因为无知之幕下，谁都不能想当然地认为自己在社会中一定处在优势地位，这时，人们假定自己处于劣势地位，并选择公平的正义观来调节社会关系，是最为稳妥的。罗尔斯认为，在原始状态无知之幕下有理性的人们"选择某种正义观的原则，而不去选择另一种正义观的原则，那么这种正义观就比另

---

① [德]哈贝马斯.公共领域的结构转型[M].上海：学林出版社，1999：243、263.
② [美]罗尔斯.正义论[M].上海：上海译文出版社，1991：3.
③ [美]罗尔斯.正义论[M].上海：上海译文出版社，1991：156、157.

第3章 西方经典文化中的人与人类治理

一种正义观更合理"。① 至此，罗尔斯就演绎出了他的公平的正义观，这一正义观具有鲜明的平等倾向、扶助弱势群体倾向，他认为"所有社会价值——自由权和机会、收入和财富以及自尊的基础——都应平等地分配，除非对任何价值或所有价值的不平等分配符合每一个人的利益"。②

与哈贝马斯主张通过对话与语言的交流达到合理性，进而矫正垄断资本主义和福利国家时代的公共性的退化不同，罗尔斯不仅提出公平的正义观，而且将之运用于国家治理设计。罗尔斯认为要落实公平的正义观，首先，在制定宪法阶段，"要从正义的而又切实可行的程序安排中，选择那些极有可能产生一种正义而有效的法律秩序的程序安排"。③ 在宪法中，应保障人们在政治权利及其他基本权利方面的平等。宪法作为法律体系中的根本大法，由其保障人们平等的政治权，对于促进社会正义无疑是很重要的。其次，在立法阶段，立法机构输出大量具体的关乎国家治理的法律和政策，这些法律和政策对社会价值进行权威性分配。在这一阶段，罗尔斯认为应保证人们在获得发展机会方面的平等，并注重保护弱势者的长远利益。最后，在执法阶段，公共机构及公务人员要将法律和政策贯彻到具体的公共事务的治理过程中，实现公平的正义观落地见效。

---

① ［美］罗尔斯.正义论［M］.上海：上海译文出版社，1991：19.
② ［美］罗尔斯.正义论［M］.上海：上海译文出版社，1991：68.
③ ［美］罗尔斯.正义论［M］.上海：上海译文出版社，1991：216.

第4章 我国传统经典文化对人类治理的润泽

我国在上下五千年的历史发展中形成了优秀的传统文化。传统经典文化中有着丰富的关于人、人群、人类社会的认识,也有着丰富的关于人类治理的智慧。传统经典文化中对人、人类及其治理提出的价值判断和系列原则、途径和方法,对我国古今国家治理乃至世界诸多文明的人类治理提供了思想润泽和行动指引。我国传统经典文化也是深刻理解我国国家治理体系的重要角度之一。

第一节 我国传统经典文化中的人与人类治理

我国传统文化源远流长。中华文明具有强大的生命力,被认为是"唯一延续至今的社会",[①] 也就是说,中华文明始终是中华民族作为主体世代继承并不断发扬光大,而其他文明则都出现了文明与其创始民族一同消失或者创始民族消失而其文明被后世其他民族吸收等情形。中华文明绵延不绝的根本原因是什么呢?我们认为,标志不同文明、不同民族之间差别的,最根本的是其独特的文化,这其中,较为核心的是价值观。特定的价值观为核心的文化,塑造着一个民族的人们对个体间关系、个体与群体和整体的关系的判断,从而影响着特定民族作为人类的类生活的系统有机程度,影响着特定民族国家的治理效率和效能,最终影响着特定民族的生命力。因为,诞生文明及其民族的其他因

---

① [英]阿诺德·汤因比.历史研究:上卷[M].上海:上海人民出版社,2016:23.

第4章 我国传统经典文化对人类治理的润泽

素,例如十分重要的自然地理条件等,只要民族和文明诞生在某一环境中,那么,这个环境就是能够支撑这一文明及其民族繁衍生息的。因而,比较不同文明及其相应民族主体发展的不同命运,恐怕文化因素是一个显著变量,甚至是决定变量。中华民族在历史上经历了那么多苦难,特别是近现代历史上,积贫积弱,受到西方列强的肆意侵略,处在落后挨打、亡国灭族的极大险境之中,但从1840年以来,经过几代人的努力,中华文明和中华民族已经初步实现了复兴伟业,复又走到了世界舞台的中央。这充分说明,中华文明有着非常宝贵的文化基因,这些文化基因,使得我们这个民族、这个文明,能够作为一个群体,永葆生机和活力。而这些文化基因中,关于人与人类及其治理的内容,尤其发挥着重要的作用。

孔子认为"分于道谓之命,形于一谓之性。化于阴阳,象形而发谓之生,化穷数尽谓之死。故命者,性之始也;死者,生之终也。有始则必有终矣"。[①] 可见,儒家认为人的产生,其源头是"道",人来自于道。道是我国传统文化中的核心概念,老子作《道德经》,演天地人的道理,开篇讲的就是"道"。孔子所讲的道,与老子所讲的道,是同一个对象,用现代人的语言来描述,可以说道就是一切的本源,就是宇宙中一切现象的最高机理。比如,天文学中人们探讨,如果大爆炸理论属实,那么大爆炸的产生原因、原理、机制是什么?可以说,大爆炸就是道的作用。道分散于宇宙之中,在天则见天道,在地则见地道,在人则有人道,在人群人类的生活中,则有治道。各种具体的道较容易为人类所探索,但蕴含在各种具体的道中的普遍的永恒的统一的道,在老子看来,则是"道可道,非常道"的。古人是相信这个道的存在及其作用的。

人是分道而得命与性,这给我国文化关于人、人类及其治理提供了十分强大的思想理论规范,这些思想理论规范是意识形态性的,它对我国社会的运行和治理产生了深刻的影响。

首先,人分于道而得命与性,人本身也就成为道的组成部分,这也就把每一个人的存在与大道连接了起来,这给中华文化自强不息、勇于探索、开拓创新提供了强大的思想基础。因为,一方面,既然每个人都是分于道而获命与性,则在道面前,大家具有平等性,大家都可以去探索认识自己的本源之道;另一方面,既然道是不容易被人所认识的,那么人们便存在认识道的求知欲

---

① 《孔子家语·本命解》。

望。再一方面,这个大道的存在,给予每一个具体的领域的道,包括国家治理领域的道,是否具有真理性提供了终极衡量标准,给人们提供了不断反思、辩证、推陈出新的合理性根据。

其次,既然人都是分于道,那么每一个人在道面前就都具有平等的生命权,在道德上是等值的存在。这实际上就为基本的人权平等提供了意识形态层面的支撑。与个体生命存续相关的所有基本权利,即是人权的基本内容,理应是人人平等的,否则就是违反了道。这种生命人权的平等甚至在父权时代都是不可剥夺的,这在孔子评价儒家孝道楷模曾参与其父亲曾皙的一次互动上就能看出来。有一次曾参和父亲曾皙一起在瓜田耘草,曾参不小心耘断了瓜苗,曾皙拿起一根大木杖击打曾参后背,曾参顿时昏了过去,过了好一会儿才苏醒过来。醒来之后,曾参担心其父为他的身体忧虑,所以抚琴而歌,以让父亲放心。曾参觉得自己这样做是恪守孝道的表现,但孔子听说这件事之后,却十分不认可曾参的行为。曾参不解。孔子讲解了曾参这样做的错误之处,最后几句是这样的:"今参事父,委身以待暴怒,殪而不避,既身死而陷父于不义,其不孝孰大焉?汝非天子之民也?杀天子之民,其罪奚若?"① 在这里,儒家思想实际上就否认了社会成员任何个体之间对生命权进行合法剥夺的权力,个体之间的权力都是平等的。当然这儿的表述,把天子这一角色未能纳入生命权平等的考量。但实际上,按照儒家伦理,天子是天的代表,他有权根据法,剥夺死刑者的生命,但这时他是代表天道来执法的,并不是位居天子之位的自然人能够剥夺他人的生命权。在生命权平等这一点上,作为个体自然人的天子与作为天和道的代表的天子不是等值的概念。天子依法剥夺犯死罪的个体的生命,实际上决定死罪者生命权的正是犯法者自身,如果个体自然人遵纪守法,则他的生命权始终处在不可被侵犯的安然状态中。

"一阴一阳谓之道"。② 在传统文化中,命与性源自道,为人存在的本,而人具有什么样的先天具体属性、特征,则决定于阴阳二要素的组合,且这种组合有着几乎无限的可能性,这也就形成人们所说的所谓世界上没有两片完全相同的树叶,也没有两个完全相同的人。这提供了人具有差异性的证据。承认人的差异性,是有积极意义的。首先人具有差异性是客观事实,这意味着人们应根据自身特点,来寻求自身的实现途径。社会成员理应各有其角色,并尽到相应角色的义

---

① 《孔子家语·六本》。
② 《易经·系辞上》。

务,即孔子所说"君君臣臣父父子子"。① 这样,便由承认人的差异性进而延展到了对于角色分工以及人的相互关系秩序的关注上。其次这种对人的差异性的断定是基于人的先天阴阳组合而来的,并不意味着人在后天要被歧视性对待,也就是孔子教育思想中的"有教无类"。② 通过有教无类这样的培养,可以让个体充分挖掘自身差异性的优长,当越多的个体都能发挥自身的优长的时候,那么这个人类群体的整体就可能得到极大的力量。当然,在人类历史上包括我国文明历史上,进入阶级社会之后,有很长一段时间是世袭制的,这实际上是经济上占有垄断地位的阶层同时垄断了政治机会,这正是人的后天复杂性与人的先天差异性的非线性对应关系。孔子在这个问题上则明确表达了对世袭制的不认同,即"先进于礼乐,野人也;后进于礼乐,君子也。如用之,则吾从先进"。③

既然人都是受命于道,具有相互之间不可剥夺的生命权,且人又是先天性地存在差异,那么,人如何构建自己的人生价值呢?人如何证明自己呢?人如何提升自己的幸福水平呢?这在不同文化之中产生了不同的解决方案。有的文化将人生的意义寄托于来世,有的文化将人生的意义寄托于物欲,有的文化还没有深入思考这个问题。在孔子看来,人有生必有死,有始必有终,对人的生死始终宜采取"未知生,焉知死"④ 的态度。因而,儒家的主要学说都集中在研讨如何过好现世的生活,处理好现世中的各种关系。我国传统文化在这方面具有显著的优势。把人生的意义主要放置于在现世中的奋发有为上,即"天行健,君子以自强不息"。这使得中华民族的个体形成了通过努力奋斗争取美好生活的品性,使得我国历史上所有的时代都将天下大治、太平盛世视作治理成功的标准。尽管历史上中华民族曾经经历过多次盛衰循环、治乱交替,但最终都能浴火重生,走上新的伟大复兴和强劲发展之路,这与我国文化中所塑造的从个体自然人到国家力量都崇尚现世中自强不息拼搏进取是高度相关的。积极进取的价值观,使中华民族形成了显著的文化和战略定力,给予了群体生活治理以显著韧性。中华民族善于从宏观视角把握现实,从长程历史视角看待问题,能够把问题看作是发展中的问题,且自信通过发展能够迟早解决这些问题。

这种现世的积极进取,是在人们的类生活形式中完成的,这种类生活既包

---

① 《论语·颜渊篇》。
② 《论语·卫灵公篇》。
③ 《论语·先进篇》。
④ 《论语·先进篇》。

括个体自然人之间的类生活，也包括国家与社会成员之间的关系。一个历史事实是，从原始社会以来，就存在着相当普遍的战争，一般显性的战争在原始社会发生在不同的部落之间，随着部落融合，显性的战争也时常发生在国家内部。在国家内部没有显性战争的时候，人与人之间由于竞取机会和资源也存在着相互侵害的可能。我国传统文化中对现世的积极进取的人生观和价值取向，隐含着加剧人与人之间竞取和对立的可能，且这种可能在人际平行关系中存在，也自然会反映到国家与社会的关系场景中。在人的类生活中，对立和竞取既具有建设性，又具有破坏性。适度的竞取与对立，能够激发活力，提高人的整体类生活效率；但是超越一定的度，则可能带来毁灭性的后果。现代组织理论研究表明，适度的冲突对一个组织和群体而言是最好的。①

某种意义上来说，对于人、人群、人的类生活的治理，就是围绕着激发个体和群体创造性积极性的同时，保持主体间相互对立与竞取关系于合理程度内，从而不断推动文明进步，不断改善人们的福祉水平。中华文明、中华民族之所以能够持续不断延绵不绝地自立于世界文明之林，是与我国传统文化对人们生活世界的治理的引导和润泽有极大的关系的。

老子的思想有丰富的关于人类社会生活中的矛盾关系的内容。老子认为，要处理好人、群体、人的类生活关系，人们要获得安康福乐，就要有相应的大智慧。

首先，老子认为治国者应让老百姓不争，"不尚贤，使民不争。不贵难得之货，使民不为盗。不见可欲，使民心不乱"。② 而要使得人们不争，就要让人们无知无欲，要实现这一点，治国者就要做到"无为"，"是以圣人处无为之事，行不言之教"，③ 从而让百姓没有成败得失观念，也就没有了争竞之心，从而相处和睦。如此，治国者便实现了"无为"而"无不为"。老子主张，治国者要遵道而行，道是什么呢？老子认为道是先于天地而存在的。道具有两大特性：一是它不依赖于任何他者而自存，且始终如一，即"寂兮寥兮独立不改"；④ 二是道处在不断地运动变化过程中，是灵动的，充满生机的，即"周行而不殆，可以为天下母"。⑤ 道虽然可以为天下母，但道并非刻意为之，道是

---

① 张成福.行政组织学[M].北京：中央广播电视大学出版社，2017：142.
② 《道德经·第三章》。
③ 《道德经·第二章》。
④ 《道德经·第二十五章》。
⑤ 《道德经·第二十五章》。

第4章 我国传统经典文化对人类治理的润泽

无名而"无为"的,通过"无为",而达到化生万物的"无不为"境界,国家治理者如能遵道而行,则"万物将自宾""万物将自化"。①

其次,老子阐述了人们相互之间如果存在竞争之事,则应以不争之心处之的深刻道理,认为"夫唯不争,故无尤"。②老子的思想中充满了辩证思想,认为在弱和强、进和退、得和失之间是可以相互转化的。在人的类生活中,老子认为,"夫唯不争,故天下莫能与之争"。③

最后,老子主张人们应清心寡欲,知足常乐。因为,人们的竞争的意念和行为,都源之于无限的欲望。而在欲望的驱使下,人们往往会"多藏必厚亡"。④老子认为"清静为天下正",清静寡欲,便可以减少纷争,从而达到"知足不辱,知止不殆,可以长久"⑤的境界。

老子的思想中,对人性的观察视角是很值得研析的。人的相互关系、人的类生活状态,与人性是有密切关系的。与孔子一样,在老子看来,人的产生,来自于大道的运动和衍化。但与孔子重视人的后天教育从而知礼向善不同,老子认为,告知人们什么是善、什么是恶等都是错误的做法,正确的做法是让人们保持初始的质朴状态,也就是让人性保持一张白纸的状态,勿令人性受到后天的过多侵扰,如此,则纯朴的人性结构,便会支撑无争无为而有序的类生活状态,即"古之善为道者,非以明民,将以愚之"。⑥

老子的道及循道而进行的治理,具有很鲜明的哲学品性,且黄老清静无为思想在历史上的不少时期,比如西汉前期,也具有很强的实践价值,而且取得了令人信服的治理效果。但不可否认的是,"人生而有欲",⑦生活世界中、现实中的人,都存在着显著的积极进取之心,也必然产生相互竞争甚至相互战争的状态。而且,人类文明的成果不断地积累,也使得人们的生产力向着更高的水平发展,人们的认识水平也不断得到提高,这也就意味着人们相互竞争的激烈程度不断提升。在这种情形下,怎么实现对人们的类生活的总体协调和调控,成为无可回避的紧要命题。解决不好这一命题,人类则将永无宁日,时时处在恐惧不安之中,

---

① 《道德经·第三十二章、三十七章》。
② 《道德经·第八章》。
③ 《道德经·第二十二章》。
④ 《道德经·第四十四章》。
⑤ 《道德经·第四十四章》。
⑥ 《道德经·第六十五章》。
⑦ 《荀子·礼论》。

甚至面临种群消亡的风险,更别提使得人类过上幸福美满安宁富足的生活了。

我国传统文化中的儒家思想的大量内容,就是来解决上述问题的。孔子提出了仁的概念,这是儒家以及我国传统文化中的核心概念之一。仁的根旨,约而言之,即倡导人与人之间要相互关爱,从而避免或减少因为在社会竞争中的对立关系而产生的人与人之间的相互践踏,以将人的类生活的紧张程度收束在合理的区间内。仁是什么呢?"孝弟也者,其为仁之本与",① 论语这句话是在说仁的本源是孝悌。孝悌是指儿女与父母之间、兄弟姐妹之间,即血缘亲缘纽带下人们之间的一种情感和行为状态。可见,仁最初的含义可以阐释为亲人之间的爱。仁在儒家看来,起源于亲人之爱,但又不止步于此,而是将之推广到整个社会,在类的意义上讲求仁,即"年长以倍,则父事之;十年以长,则兄事之;五年以长,则肩随之"。② 也就是说,在儒家思想里,用家庭结构拟照社会结构,认为亲人之间的仁爱之心亦应发生于社会成员之间,社会是家庭的扩大。仁在社会上除了表现在人们相互帮助、相互关怀,也表现为人们之间的同情心,即"恻隐之心,人皆有之"。③

儒家认为人有仁人,也有不仁的人,也有假仁的人。孔子认为君子是怀抱仁的典型的一类人,"君子无终食之间违仁,造次必于是,颠沛必于是"。④ 就是说君子时刻想着仁,不管是仓促急迫的时候还是颠沛困顿的时候,都会循仁而行。不仁的人则包括不亲爱家人、心性残忍、悖德坏法的人。假仁的人,则具有"知者利仁"⑤的心性,即认为行仁对自己有利的时候就去做,否则就不去做。⑥ 真正的人,都应该努力做到仁,所谓"仁者,人也",⑦ 就是说仁是人

---

① 《论语·学而篇》。
② 《礼记·曲礼上》。
③ 《孟子·告子上》。
④ 《论语·里仁篇》。
⑤ 《论语·里仁篇》。
⑥ 显然,这种"知者"是指的较有心机的一类人,他们能够把仁当作一种工具来运用,通过自己刻意的符合仁的标准的行为,获得好的名声、好的评价等,进而获得直接的或间接的收益。"知者利仁",本质上将仁作为一种表演的内容,具有虚伪性。假仁假义的人确实是存在的。对于这一类人怎么评价,有两种不同的观点。一种观点是"有心为善,虽善不赏;无心为恶,虽恶不罚"(《聊斋志异·考城隍》)。对动机的关注,直指人心,有它的合理性,在司法实践中,就体现了这一点,例如故意伤害他人和过失伤害他人,在处罚的时候是有区别的。但另一种观点,认为评价一个人是不是善的,主要是看他的外在行为,只要他的行为具有善的属性,就应该认定他的动机、它的内在心理也是善的。黑格尔在论述王权、行政机构、立法权是否为善的时候,就持有类似观点,参见〔德〕黑格尔:《法哲学原理》,北京:商务印书馆,1961年版,第320页。
⑦ 《孔子家语·哀公问政》。

第4章 我国传统经典文化对人类治理的润泽

应该做的事。心有仁念的人就会有仁行。仁者的行为是什么呢？孔子弟子樊迟曾问仁于孔子，孔子回答曰"爱人"。① 孟子更进一步论述到"仁者爱人，有礼者敬人。爱人者，人恒爱之，敬人者，人恒敬之"。② 可见，通过对仁的提倡，人们相互之间就会逐渐成为相互关爱的关系，当达到这一状态的时候，人们的矛盾、斗争、竞争关系就会得到很好的调试，不至于使得人的类生活陷入危险的混乱无序之中。在儒家看来，不仅人和人之间需要仁，而且，作为类生活的重要组成部分，国家在治理百姓的时候，也同样需要仁，国家的管理者上至天子大僚，下至地方官吏，都应秉持以仁为政的理念。所谓"恺悌君子，民之父母"，③ 就是说，国家治理者对待人民，就像父母对待孩子那样，充满仁爱之心。到了孟子，则进一步阐述了仁政的概念，并认为仁政是国家富强的要道。儒家评判仁政与否的一条重要标准是看执政者是否给人民带来了幸福安康的生活。孔子弟子子贡曾问孔子"如有博施于民而能济众，何如，可谓仁乎"？孔子答曰："何事于仁，必也圣乎！尧舜其犹病诸。"④

如何能使得人的类生活中仁和仁政能得到持续发扬呢？在儒家看来，这就需要礼和法来规范人们的类生活。个体的人在组成社会后，在不同的时空中，承担着各种各样的角色，在相互关系之中，要把自己的行为规范于仁爱界限以内。如何实现这一点呢？孔子推重道德教化使人守礼而行，进而致仁爱。孔子认为仁是礼的内容和本质，礼是仁的表现和形式，主张"克己复礼为仁。一日克己复礼，天下归仁焉。为仁由己，而由人乎哉"。⑤ 简而言之，就是通过自我约束、自我抑制内心的欲望，从而使得众人的欲望在同一时空中都能获得安放，而不是相互伤害相互妨碍。克己被作为一种实现良好社会秩序的途径，实际上是承认所有社会个体都具有合理性、目的性，而不是将他人视为自己可资利用的手段。但是人又是有着很强的个体欲望的，单纯靠内心的仁念，未必完全可靠。礼的作用就在于公开确定了各种社会角色之间的相互关系模式，每个个体都需要按照自己的角色来塑造自己的言行。礼通过教育，即内化于个体，同时礼又是一种公开的社会约定的制度形态，为社会共同体所共知共享，因而人们可以根据个体的外在行为，判断其是否遵循了礼，从而，礼便成为实现仁

---

① 《论语·颜渊篇》。
② 《孟子·离娄下》。
③ 《诗经·大雅·洞酌》。
④ 《论语·雍也篇》。
⑤ 《论语·颜渊篇》。

的重要制度性支撑。礼是非常广泛的，涵盖人们的家庭和社会生活，也涵盖国家与人民的关系。与礼有密切关系的一个概念是法，法也是调节人们类生活的重要工具，且法是由政治权力为后盾强制推行的。在人的类生活演化过程中，有些礼的范畴的东西，会逐渐被纳入法的范畴。但是法家强调用严刑峻法统御人民，则是儒家所反对的。儒家理想的状态是虽立法而无所用，即通过仁礼道德教化，使得百姓懂得礼义廉耻，互爱互敬，忠孝传家，从而所言所行毫无违犯法纪之处，于是达到虽立法而无须用法之境界，即孔子所谓"听讼，吾犹人也，必也使无讼乎"。①

第二节 我国儒家施政实践中的治理机制因素

治理，从机制上来说，是在一定时空范围内，多种主体共同努力，群策群力，协同行动，促进该范围内人们的类生活得到优化，使得社会福利得到增进，公共问题得到解决，人民安居乐业幸福安康。根据多种主体之间的关系，治理机制可以划分为网络化治理和整体性治理。网络化治理更加符合治理理论早期代表人物如罗西瑙等人对治理的看法，即认为治理的主体是相互平权的关系，政府可以是重要的主体之一，但治理并不依靠政府的权威，之所以大家走到一起来共同研究和解决问题，乃在于大家存在相互依赖关系，即互利共赢关系。当然，网络化治理在现实中可能面临很大的失败风险，因为多个平权主体之间的合作与协调异常复杂，机会主义也容易产生。整体性治理与网络化治理则有着明显区别，整体性治理侧重于优化政府既有的治理机构和功能，也重视政府与社会主体的合作。虽然现代社会和古代社会有很大区别，但在我国古人的政治实践中，仍然产生了具有治理机制色彩的一些因素，包括与贤者共治、官民合作、纳言等。这些因素里凝聚着古人的许多治理思想和智慧。

一、与贤者共治

揆诸历朝历代，凡是内圣外王的宏图大业，无不是帝王求贤若渴、知人善任、上下一心、励精图治，方能达到郅治。我国古代尧舜时代，对于天下的治

---

① 《论语·颜渊篇》。

第4章 我国传统经典文化对人类治理的润泽

理，特别注重选贤与能。尧帝在选拔干部的时候，不论选拔对象的亲疏远近和地位高低，而是以德才为衡量标准。有一年，尧帝召开重要的人事会议，讨论各方面官员的人选，对于由谁来担任司掌天文历法的官职，尧帝咨询众大臣，大臣举荐尧帝的儿子丹朱，但尧帝以"嚚讼"①的理由，予以否决；对于由谁来担任承帝命办理政务的官职，大臣举荐共工，尧帝以"静言庸违"的理由予以否决，即认为共工是个阳奉阴违的人而不予任用；对于由谁来担任治理罕见的大洪水的官职，尧帝咨询四岳（即天下四方的诸侯），诸侯都说鲧可以胜任治水之职，但尧帝认为鲧这个人时常违法乱纪，不恪遵功令，也不敦睦亲族，不想用之，但四岳希望给鲧一个证明自己的机会，尧帝便不再坚持己见，任用了鲧担任治水负责人，可惜鲧治水九年而无成效。

从尧帝主持的这次人事任免会议，我们可以看到上古时期我国文化中的与贤者共治天下的思想。即使丹朱是尧帝的亲儿子，但由于其不符合贤能的标准，仍不被任用。而且，从会议组成人员来看，既有天子尧帝，也有尧帝的中枢大臣，还包括地方诸侯，用现代政治语言就是在选拔国家重要官员时充分听取各方面意见，这与治理中的整体性治理具有相通之处。整体性治理的一个重要方面是不同层级政府的整合。后来，尧帝选定舜为继承人的过程中，以及舜即位为天子后的施政过程，都体现出了与各方面会商、与贤者共治天下的取向，这些事迹都记载于被儒家作为六经之一的《尚书》之中。孔子对上古时期与贤者共治天下非常推崇，他说到"大道之行也，天下为公，选贤与能，讲信修睦"。②孔子认为，贤者能为国家长治久安、百姓幸福安康带来显著的助力，"夫贤者，百福之宗也，神明之主也"。③

孔子有一系列关于与贤人共治天下的思想，即使在今天看来，也仍然富有指导和启发意义。孔子认为尊贤是治理天下的九经之一。④由于充分了解一个人是不是贤人并不是简单的一件事，所以孔子特别肯定能够举荐贤达的行为。孔子和其弟子子贡曾讨论各诸侯国的大臣谁更贤达，孔子认为鲍叔、子皮分别举荐了管仲、子产，尽管管仲、子产分别为齐国、郑国忠臣，功勋卓著，但是他们并没有举荐其他贤能的人，因而孔子认为管仲和子产不如举荐他们的鲍

---

① 《尚书·尧典》。太史公在此处尧帝言曰"顽凶"，参见《史记·五帝本纪》。
② 《礼记·礼运》。
③ 《孔子家语·辩政》。
④ 另外八经是修身、亲亲、敬大臣、体群臣、子庶民、来百工、柔远人、怀诸侯，尊贤列于修身之后，参见《孔子家语·哀公问政》。

叔、子皮贤达。①

二、官民合作

我们以古代很常见的一种公共工程为例来说明古人的官民合作思想。我国古代影响人们生计的一个重要问题是水患。因此，历朝历代国家的一项重要公共职能便是治理水患。对于大型的水患治理，通常是需要国家直接组织解决，例如历朝历代对黄河的治理，国家都要投入大量的人力物力财力，这是巨型工程，以至于人们用"河清海晏"这个成语来形容国家治理得好。而对于地方上的小流域水患治理，则常常由地方官发动地方民众，官民合作，予以完成。在孔子时代，其弟子子路就实践过官民合作共同治理水患，并且孔子给予了指导。我们来看以下记载：

子路为蒲宰，为水备，与其民修沟渎。以民之劳烦苦也，人与之一箪食，一壶浆。

孔子闻之，使子贡止之。子路愤不悦，往见孔子，曰："由也以暴雨将至，恐有水灾，故与民修沟洫以备之。而民多匮饿者，是以箪食壶浆而与之。夫子使赐止之，是夫子止由之行仁也。夫子以仁教而禁其行，由不受也。"

孔子曰："汝以民为饿也，何不白于君，发仓廪以振之？而私以尔食馈之，是汝明君之无惠，而见己之德美矣。汝速已则可，不则汝之见罪必矣。"

——引自《孔子家语·致思》

在这则材料中，孔子的弟子子路作为蒲这个地方的行政长官，亲爱百姓，为了使人们免受洪涝灾害，便未雨绸缪，筹措兴修水利。文中用了"与其民"三个字，可见，治理水患，兴起地方工程，是子路作为地方官员与当地民众一起谋划实行的。因为治理水患是促进公共利益，而地方财政未必有充足的财力，且水患尚未实际发生，即使地方财力能够承担，也会牵涉公共支出的轻重缓急等的议论，因而，要未雨绸缪，较快实施这项水患治理事业，就需要发动民众，让社会力量参与进来，实行官民合作治理。当然，这件工程的牵头者是作为地方官的子路，但子路与其他参与方的关系是"与"，也就是一起、共同来推进的意思，这便具有合作治理的因素在里边。由于是子路作为地方官倡议牵头，社会力量积极参与，官方并未投入太多经费支持，因而，子路拿出个人

---

① 《孔子家语·贤君》。

第4章 我国传统经典文化对人类治理的润泽

的资金补贴劳动者。

对于子路拿私人资金补贴劳动者一事，孔子提出了批评。孔子认为，子路可以给出工者提供饮食补贴，但这个补贴的钱应该从财政出，而不应是作为地方官的子路从自己私人的资金里出。孔子提出的理由是官民合作治理水患而子路私人出钱提供劳动补贴，会显得子路慷慨乐施而君王国家没有惠民之德，这样子路便可能遭到猜忌而罹祸。从合作治理的可持续性的角度来看，孔子对子路的批评是十分有道理的。既然是合作治理，大家依据自己的资源状态，或出谋，或出力，或作别的分工，每一方的投入都有一个合理界限。子路作为治理水患的官方代表，推动治理行动的全局，如其代表工程各方向上级争取财政经费支持或向社会募资皆可，假如子路自己特别想提供私人资金资助也无不可，但应走社会募资渠道。否则，子路这一做法成为成例的话，如果其他地方官或后世地方官牵头类似公益事业的话，要学习子路拿私人资金补贴大家则未必有此裕囊；但不拿个人资金，则显得弗如子路德高，如此一来，恐反而抑制其他地方官或后世地方官兴利除弊的积极性，于天下治理反为不利。

三、纳言

纳言，即虚心和认真听取不同意见，广开言路，集思广益，以寻求理想的治国理政之道。古往今来，被称为明君圣主的统治者，几乎都具有纳言的美德，比如汉高祖、唐太宗等人，皆是从谏从善如流。任何一名政务治理者，都可能存在自身欲望的限制和能力的局限，从而不能合理作出决策和推行政策，这就需要听取不同方面的意见来匡正和帮助自己。这个过程，也就类似现代治理机制中不同方面通过协商达成解决问题的一致意见的过程。我国古代具有治理智慧的天子都注重吸收各方面的建议意见，不仅在官僚体系中设置言官，而且有的君主，例如武则天，还直接鼓励民众向朝廷进言。儒家非常推崇国家治理者的纳言行为，甚至把能否认真听取谏言和国家兴亡联系起来，即孔子所说的"良药苦于口而利于病，忠言逆于耳而利于行。汤武以谔谔而昌，桀纣以唯唯而亡"。[①] 在孔子时代，孔子弟子宓子贱在地方治理中就践行了纳言思想，同时孔子给予了高度评价，如以下材料所示：

孔子谓宓子贱曰："子治单父，众悦。子何施而得之也？子语丘所以为

---

① 《孔子家语·六本》。

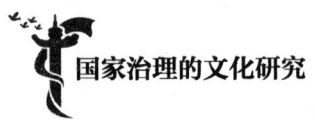

之者。"

......

曰:"不齐所父事者三人,所兄事者五人,所友事者十一人。"

孔子曰:"父事三人,可以教孝矣;兄事五人,可以教悌矣;友事十一人,可以举善矣。中节也,中人附矣,犹未足也。"

曰:"此地民有贤于不齐者五人,不齐事之而禀度焉,皆教不齐之道。"

孔子叹曰:"其大者乃于此乎有矣。……,惜乎不齐之所治者小也。"

——引自《孔子家语·辩政》

宓子贱能够承认在单父这样一个疆域不是很广,人口不是很众的地方,贤于自己的人有五位,而不是以自己的地方长官地位便妄自尊大眼无余子,这便是能够纳言的重要前提。宓子贱纳言的可贵之处,不仅仅在于善于听取建议,更在于主动请益,这又跟被动接受别人的告诉有区别,是纳言的更高境界。孔子对于宓子贱的纳言,认为这是其治理单父达到"众悦"的最大原因,并且认为,宓子贱能做到这一点,就证明他还能担当更大的职务。

第三节　传统经典文化是理解我国国家治理的重要角度之一

人、人的类生活及国家的治理,是一个历史的过程,在历史中会形成治理的制度和文化传统。有形制度和治理的思想文化虽然表现形式不一样,但本质上都是一种规范人际关系、协调人类生活的上层建筑要素。历史越长的国家,传统的东西越多。传统的东西是历经很多年甚至成百上千年的反复试错或试真而积淀下来的。每一个人、每一个社会与国家,当他(它)甫一诞生的时候,可以说他(它)就面对着既有的生产力及基本社会条件。① 其中,关于人、人群、国家等的基本看法及其相互关系的基本文化规定,成为该国家最基本的文化基因,成为该国家个体、群体最基本的处事法则,也深深地塑造着该国家的国家治理样貌。

习近平总书记指出,"我国今天的国家治理体系,是在我国历史传承、文化传统……的基础上长期发展、内生性演化的结果",优秀传统文化"可以为

---

① 马克思恩格斯选集:第4卷[M].北京:人民出版社,1995:532.

第4章 我国传统经典文化对人类治理的润泽

治国理政提供有益启示"。① 这是站在历史唯物主义高度对我国传统文化和制度与我国国家治理体系关系的科学论述,历史上传承下来的我国古代优秀的制度和文化因素是我国国家治理体系的基础和内生性演化的根系。因而,传统经典文化作为我国历史传承、文化传统的核心组成部分,是理解我国国家治理的重要角度之一。

---

① 中共中央宣传部.习近平总书记系列重要讲话读本[M].北京:学习出版社、人民出版社,2016:75、202.

第5章　我国国家治理文化体系及其现代化发展路径

我国国家治理体系是中国共产党领导人民在革命斗争、社会主义建设和改革开放过程中形成并不断发展的。社会主义现代化建设的辉煌成就，证明了我国国家治理体系的巨大优越性。在新时代，我国国家治理体系将继续推动我国人民幸福和民族复兴伟大事业从胜利走向新的胜利。我国国家治理文化体系是国家治理体系的有机构成部分，是我国国家治理体系整体效能的重要文化保障。随着国家治理现代化的推进，治理文化体系也要与时俱进实现自身的现代化发展。

第一节　我国国家治理文化体系的结构

我国国家治理文化体系是一个有机的整体，包含丰富的内容。

中国共产党领导下的社会主义先进治理文化在我国国家治理文化结构中居于主导地位。主导文化领导、规定着其他所有文化，解决的是治理文化的方向和性质问题。社会主义国家的本质，社会主义国家的生产力发展以及经济政治社会制度的制定、运行、改革和完善，社会主义国家对个人、集体和国家行为的要求等，反映在社会意识层面，便形成社会主义先进治理文化。社会主义核心价值观体系就是社会主义先进治理文化的重要内容之一。党政军民学，东西南北中，通过政治社会化过程，坚定社会主义先进治理文化，遵循先进治理文化所提倡的方向、观念、规范，是我国国家治理体系和治理能力现代化的根本文化保障。社会主义先进治理文化在国家治理文化结构中的主导地位，是由我国社会主义国家性质决定的，它又是国家性质通过国家治理得以实现的重要精神资源。

中国传统治理文化是我国国家治理文化结构中的基础因素。十九大报告鲜明地指出，中国特色社会主义文化"源自于……中华优秀传统文化，熔铸于……革命文化和社会主义先进文化"。可见，中国传统治理文化在我国治理文化结构中的基础性。中国传统治理文化包含极为丰富的内容，在中国五千多年的历史中，形成了巨大的精神财富，包括诸子百家等各种学说，包括人们在国家治理和生产生活实践中形成的各种价值观念和风俗习惯，包括人们带有普遍性的性格与行为倾向特征等。中国传统治理文化经过几千年的积淀，很多已经成为中国人民的文化基因，对中国人的行为、社会秩序和国家治理具有内在影响和外在约束。中国传统治理文化中的优秀内容有助于新时代我国国家治理。中国传统治理文化中也有一些内容，比如官本位思想、形式主义、奢靡之风、重农抑商政策理念等，已经不符合当今社会发展实际，甚至对国家治理有负面影响。

此外，我国国家治理文化的结构，在当今时代还需要关注两个重要因素：一是互联网领域形成的网络文化对国家治理的影响；二是全球化背景下各国治理理念的相互影响。这两个因素既具有积极的建设性的一面，也隐潜着消极的不利的一面。

总而言之，我国国家治理文化结构以社会主义先进治理文化为主导，以传统治理文化为基础，在当今时代又受到互联网文化和全球治理文化的影响。国家治理文化是一个有机整体，同时又会在国家运行的不同领域形成自己的具体治理文化，而这些治理文化则直接作用于国家治理的具体实践。国家运行从"五位一体"发展理念的角度，可以划分为经济、政治、文化、社会、生态文明等领域，不同领域有其具体理念、行为模式和规矩习惯等治理文化内容。

第二节　我国国家治理文化体系的重要文化保障作用

从有形的治理对象的角度，可以总体上把国家治理体系划分为三大部分：国家治理体系的基础部分是产权关系领域治理体系，它解决的是满足人们需要的资源归谁所有、如何利用、产品如何分配这一决定人的生存的重大问题，在当代世界主要表现为对市场经济领域的治理。国家治理体系的核心部分，是政治公共领域治理体系，主要承担对政治权力的产生与归属、议事规则、政策过程、政治廉洁和效率等的治理功能。除上述两大部分之外，社会生活领域治理体系，则构成国家治理体系的第三个重要部分，它负责广泛的社会生活领域事务的治理，譬如对青少年的教育、贫弱者的救助、社会治安等事务的治理。而以社会主义先进治理文化为主导和以优秀传统治理文化为基础的我国国家治理文化体系，则在产权关系领域、政治公共领域、社会生活领域三大治理部分都匹配有相应的丰富的思想文化要素。

在当代社会，评价一个国家的治理体系的标准可以分三个层面。首先，在规范的价值的角度上，人们对国家政治公共领域治理体系的基本要求是廉洁、高效、民主等；人们对市场经济领域治理体系的基本要求则可以概括为促进经济发展与保障合理分配；人们对社会生活领域治理体系的要求则可以归纳为实现社会公平正义、文明有序、富有生机活力等。其次，从特殊与一般的辩证关系角度，国家治理体系的评价标准则在于国家治理体系是否符合特定国家的国情。最后，归根结底，评价国家治理体系要看其是否适应生产力发展要求，要看其是否能够取得满意的实际治理效果。经济持续发展，人民安居乐业，各得其所，社会文明进步，国家繁荣昌盛等是描述好的国家治理效果的基本义项。我国国家治理文化体系对于国家治理达到上述三个标准，具有重要的文化保障作用。

我国社会主义国家政治公共领域治理体系的核心是由中国共产党领导的国家政权，这一政权在根本上属于人民所有，服务于人民的共同利益，坚持以人民为中心的根本价值取向，而不是代表着某一阶层、某一群体的特殊利益，这从根本上克服了资本主义国家金钱政治的缺陷。我国处理重大自然灾害、实施扶贫开发、进行事关人民福祉的基础设施建设等方面的治理绩效，都突出反映了人民政权的真实性和效率。在此，关于国家政治公共领域治理的社会主义文化和优秀传统文化的一系列观念、观点发挥了其重要的作用。在文化上，我国国家治理体系遵循的是为人民服务的宗旨，以人民为中心的权力观、治理观，把为人民谋幸福、为民族谋复兴作为自己的初心和使命担当。这些社会主义先进治理文化要素，深刻地影响着党员干部队伍，从价值观念上规定着政治公共领域治理的人民性，这是资本主义国家的金钱政治文化无法比拟的。同时优秀

第5章　我国国家治理文化体系及其现代化发展路径

传统文化中，天下大同理念、仁政理念、不患寡而患不均理念、为官一任造福一方理念等，也深深地影响着我国国家治理体系的运行。总之，我国国家治理文化体系是我国国家政治公共领域治理体系的文化优势和文化保障。

在产权关系治理领域，我国实施社会主义市场经济体制，保护个人产权，鼓励干事创业，激发广大人民的劳动积极性和创造性，提高了生产效率。在提升效率的同时十分重视让人民群众分享发展的成果，不断提升人民群众的获得感、幸福感和安全感，实现效率与公平的合理均衡。与此同时，我国社会领域的建设和治理也取得了显著的成绩，人民的物质生活的丰裕程度、社会保障水平、教育文化水平等都得到了有效的提升。如此，我国在市场经济领域和社会生活领域的治理体系就从根本上克服了资本主义国家存在的严重经济分化和社会不公。之所以取得这样的治理成效，与相应的国家治理文化体系的文化保障作用也是密切相关的。在文化上，社会主义强调劳动光荣，强调自力更生、艰苦奋斗，强调诚实守信、爱岗敬业，强调集体主义、团结互助，强调共同富裕。这为市场经济条件下，人们通过努力创造财富并实现财富的合理分配，维护良好的市场秩序和社会秩序提供了文化保障。而传统文化中的"天行健君子以自强不息，地势坤君子以厚德载物"、重义轻利、"不义而富且贵，于我如浮云"、急公好义与乐善好施、恻隐之心等观念，对于我国经济和社会治理同样起到了十分重要的文化保障作用。

可见，我国国家治理体系与资本主义国家治理体系相比，具有显著的科学性、人民性和有效性的比较优势。治理文化体系作为我国国家治理体系的有机构成部分，在产权关系领域、政治公共领域和社会生活领域等的治理过程中，都对发挥我国国家治理体系的比较优势和促进治理效能起到了重要的文化保障作用。

当然，这并不是说，我国国家治理体系已经完美无缺。市场经济不可避免会产生贫富分化。经济上的贫富分化在一定限度内是有积极意义的，但超出必要的范围，就会衍生出大量的经济社会问题，这是市场经济体制本身固有的问题。资本主义国家会面临这样的问题并寻求有效的治理，社会主义国家同样会面临这样的问题并寻求有效的治理。资本主义国家的国家治理体系由于受制于经济上的资本强势集团，因而有其根本性的缺陷，而我国社会主义国家治理体系，恰恰解决了资本主义国家的这一问题。我国国家治理体系用人民的国家政治公共领域代替了资本的国家政治公共领域，实现了政治公共领域对市场经济领域和社会生活领域的人民意愿进行真实反映和有效回应，这一真实反映和有效回应通过党和政府对群众路线的贯彻得到机制上和文化上的有力保障。

首先，我国国家治理者群体的选拔贯彻了群众路线。由谁来治理国家，这是政治公共领域治理体系极为重要的内容。我国国家政治公共领域在治国者的选择方面，恰恰内含着群众路线。我国的国家治理者，大多是从基层一步步通过党和人民群众的考察才走上国家治理岗位的，这就天然地使得他们更加了解群众疾苦，更能倾听广大群众的真正心声。

其次，在国家治理过程中，政策的酝酿制定和贯彻执行也体现着群众路线。我国国家治理非常注重人民意愿，一切为了群众，一切依靠群众。包括在重要改革举措的酝酿过程中深入开展调查研究，包括与民生密切相关的改革政策出台前通过各种方式听取各方面意见等，都是在贯彻群众路线。

最后，不断创新群众路线实现形式，提升治理效果。事实上，除了传统的群众路线的调查研究等摸底人民意愿的方法方式之外，我国国家治理体系注重通过改革创新不断丰富和发展群众路线的实现形式。一个很值得关注的情况是群众路线与协商民主相结合，在协商民主中体现群众路线的实质，在群众路线中运用协商民主的机制。群众路线和协商民主相结合的探索与实践，已经涌现出不少典型，例如浙江省温岭市新河镇的"新河实验"，采用党内民主恳谈、参与式财政预算改革、行业工资集体协商等机制，实现了"政治民主化、经济民主化、社会民主化'三统一'的民主新形式"，①使得群众路线和协商民主相融合，政治公域、市场领域以及社会生活领域的治理与公众意愿紧密结合，提升了治理体系的亲和力和治理效果。因此，群众路线与协商民主相互结合是我国国家治理体系在一些地方的治理中的创新与探索。

可以说，群众路线是实现我国国家治理体系政治公共领域对市场经济领域和社会生活领域的人民意愿进行真实反映和有效回应的重要保障机制，是我国国家治理体系科学性、人民性、有效性的重要实现机制。群众路线不仅仅是一种机制安排和一系列具体活动、具体办法，它还深切地体现着社会主义治理文化和我国传统的治理智慧与思想。我国国家治理是党领导人民建设社会主义现代化国家的伟大事业，内在地需要社会主义民主。一切权力属于人民，人民是社会主义国家的主人翁；人民对国家政策过程具有参与权、知情权、监督权；

---

① 林兴初.基层协商民主与乡镇善治研究[J].学术论坛，2013（9）：33-37.

第5章 我国国家治理文化体系及其现代化发展路径

要向群众学习；时代是出卷人，我们是答卷人，人民是阅卷人；一切依靠群众，一切为了群众等，这些社会主义政治文化与群众路线是完全一致互为促进的关系。而传统文化注重尊贤纳言、以民为本、重视观察民风等也对群众路线发挥着正面作用。可以说，群众路线既是我国国家治理的一种机制优势，又体现着我国国家治理的文化优势。我国社会主义先进治理文化与优秀传统治理文化对于坚持群众路线，具有很好的价值指引和文化保障作用。

第三节 治理文化的变迁

人类社会作为一个巨大的开放系统，处在不断地发展演化过程中。社会主要矛盾在不同时期有不同的表现，甚至有本质的区别，在同一时期在不同领域同样有着丰富的多样化表现。相应的，人类社会的治理体系便会发生适应性的变迁。

人类社会每一次的治道变革，无不关涉各利益相关方权能、行为、责任及主体间关系模式的调整与调节，治理更是如此。上述要素的调整与调节的有序进行，是通过一系列规则、体制、机制来予以规范的。除了有形的规则、体制、机制等之外，治理的发展变革也意味着人们从治道实践中产生了对政府、群体、个体和协调、合作等新的认识和知识，人们更具有责任心，更富有合作精神，这些文化层面的东西与有形规则的演化是一体两面的关系。

从广义上来说，文化本身也是制度的一个层面。制度"就是一系列被制定出来的规则、守法程序和行为的道德伦理的行为规范"，[①] 制度可以分为有形制度和无形制度。有形制度主要是指经由法定程序制定出来的明文公布生效的法律、法规、规章、政令等。根据权威级别，有形的制度又可以划分为多个层次。无形制度也就是文化，包含价值观、意识形态、风俗习惯、潜规则等。在像合作治理这样的群体行动中，制度与文化是不可或缺的，因为制度和文化型塑着人们的行为，使得不同主体的行为成为可预期的，从而使治理过程成为有序的过程。与行为的型塑相伴而生的，还有与治理密切相关的权力、责任、资源等要素的配置，这一切的有序有效运行，需要关于公平与正义的文化信念予

---

① [美]D·C·诺斯.经济史中的结构与变迁[M].上海：上海三联书店，1994：225-226.

以价值支撑。可以说，治理的过程，需要形成与之相匹配的价值观和文化；治理的改进，必然伴随着治理文化的变迁与优化。

文化不是凭空产生的，人类社会的治理文化源于人们群体生活的实践，但人们的意识对于文化演化和运行又具有自身的主观能动性。

治理文化作为规范和调节人类治理实践的无形制度体系，是随着实践不断发展变化的，表现为文化的继承与创新、文化的演化和发展。新制度经济学认为，制度的变迁有两种基本方式：一个是强制性制度变迁；一个是诱致性制度变迁。强制性制度变迁是国家行为，以公共权力为后盾，改变人们的权力（利）配置关系、行为关系、利益格局等。诱致性制度变迁则是一种群体的自发行为，变迁之后较之于变迁之前，新的行为关系规则给各相关方带来了利益增量，具有效率上的帕累托改进意义，由此群体之间形成新的制度。文化作为一种无形制度，其发展变迁的轨迹也当然遵循强制性变迁和诱致性变迁这两种基本方式。

第四节　我国国家治理文化体系的现代化发展路径

生产力这一最活跃的因素处在不断发展变化的进程中。当政治经济社会主体主动响应这一生产力变化时，或迟或早必然带来一定范围内生产组织关系变化并进而带来社会关系具体的调整和变化，这一变化积累到一定程度就会引起作为上层建筑的国家治理体系的改革发展，从而引起国家治理文化的发展。进入新时代以来，我国社会主义事业发展机遇与挑战并存。经过新中国成立以来几代人的艰苦卓绝的探索和努力，中国特色社会主义的优越性持续发挥，社会主义建设取得了伟大的成就，人民生活水平不断提高，综合国力位居世界前列，国际地位和影响力显著提升，开始呈现出民族复兴的蓬勃气象。与此同时，我国经济发展进入新常态，面临着总体速度趋缓和转型升级的艰巨任务，面临着必须成功跨过中等收入陷阱的挑战，面临着日趋激烈的国际竞争。在经济新常态下，处理好经济、政治、文化、社会、生态文明各方面复杂的改革发展稳定的关系，更好地满足广大人民群众的愿望和期望，这一切都要通过全面深化改革来予以保证，都需要国家治理体系现代化来予以支撑。随着国家治理体系现代化的发展，要及时推进国家治理文化的同向发展。

第5章 我国国家治理文化体系及其现代化发展路径

一、系统协同性的国家治理文化现代化发展路径

我国国家治理文化体系是一个有机的系统，它主要包括居于主导地位的社会主义先进治理文化，作为基础文化的我国传统治理文化等，也可以划分为国家运行各具体领域的治理文化，包括经济、政治、文化、社会、生态文明等诸领域的具体治理文化。系统有效发挥其整体功能的前提是各要素相互协同、相互匹配，从而使得系统具有整体性、有机性、一致性和自洽性，也就是系统具有了良好的结构，然后才能充分展现其潜能、有效发挥其功能。国家治理文化体系需要通过现代化发展以不断优化其结构，进而有效发挥其服务国家治理实践的功能。

（一）主导治理文化引领其他各种治理文化共同发展

社会主义先进治理文化作为我国主导治理文化，规范和引领着一切其他治理文化因素，其他各种治理文化要同社会主义主导治理文化发展相一致、相融合，成为一个整体。社会主义先进治理文化从根本上和实质上反映和维护中国共产党的领导和社会主义制度，坚持中国特色社会主义道路自信。历史和现实都证明只有这条道路才能指引中国走向繁荣复兴和人民幸福，这是根本方向、根本性质、大是大非的问题，任何时候在这个问题上我们都要"有主张、有定力"。[①] 其他各种治理文化、各领域具体治理文化要与主导治理文化内在一致：一是在任何情况下都不能违背主导治理文化所指明的我国社会的发展方向和性质定位，"要坚持马克思主义在意识形态领域指导地位的根本制度，坚持以社会主义核心价值观引领文化建设制度"；[②] 二是各种治理文化、各领域具体治理文化要向着促进主导治理文化发展的方向发展，用具体的改革创新，为发展社会主义先进治理文化贡献力量。

（二）横向平行领域之间的治理文化协同发展

按照"五位一体"理念，国家治理横向上包含经济、政治、文化、社会、生态文明建设等诸多领域，每个领域都会有自己的具体法则和治理文化。这些治理文化是我国社会主义先进治理文化和传统治理文化等在各个领域的具体体现，它们密切联系、复杂交互。要想取得对各领域的整体较优治理效果，就需

---

① 中共中央宣传部.习近平总书记系列重要讲话读本[M].北京：学习出版社、人民出版社，2016：75.

② 中共中央.中国共产党第十九届中央委员会第四次全体会议公报[N].人民日报，2019.11.1.

要各领域的治理文化相互切合、相互连通、相互接驳，构成有机协同的治理文化体系。各个领域的治理文化协同变迁并不是分散无序的，而是有方向的。在马克思主义看来，物质生产是一切其他社会活动的基础，各领域治理文化在横向协同变迁时深刻遵循这一法则。

十八大以来，我国全面深化改革，推进国家治理现代化，强调以社会主义市场经济体制改革为主轴，"经济体制改革对其他方面改革具有重要影响和传导作用""要使各方面体制改革朝着这一方向协同推进"，以经济体制改革"牵引和带动其他领域改革，使各方面改革协同推进、形成合力"。[①] 作为无形制度的治理文化协同变迁与各领域体制机制改革类似，要围绕着促进先进生产力和社会主义市场经济体制的发展来促进各领域具体治理文化的协同变迁。比如在"放管服"改革中，就要转变政府全能观念，尊重市场在资源配置中的决定性作用。实际上"放管服"改革既是权力、机制的改革，又包含着治理观念和治理文化的发展。

二、实践回应性的国家治理文化发展路径

治理文化发展的路径，可以分为两个大的类别：一个是上文所讲的治理文化系统自身的协同性变迁；另外一个则是国家治理主体根据实践发展需要，对治理文化进行的改革引领，表现为实践回应性文化发展，也就是"全面深化改革，是解决中国现实问题的根本途径。改革是由问题倒逼而产生，又在不断解决问题中得以深化"。[②] 实践回应性治理文化变迁可以分为两个层面：一个是宏观顶层设计层面的治理文化变迁发展；一个是微观具体层面的治理文化变迁发展。

（一）宏观顶层设计层面的治理文化发展

宏观顶层设计层面的治理文化，是对国家治理在理念上的纲领性概括，主要回答社会主义建设的战略目标指向和前进方略等大政方针和重大国策等核心课题。改革开放以来，我国宏观顶层设计层面的国家治理文化发展主脉络是中国特色社会主义理念和新时代中国特色社会主义理念，包含邓小平理论、"三个代表"重要思想、科学发展观和习近平新时代中国特色社会主义思想。这些

---

① 中共中央宣传部.习近平总书记系列重要讲话读本［M］.北京：学习出版社、人民出版社，2016：72-73.

② 中共中央宣传部.习近平总书记系列重要讲话读本［M］.北京：学习出版社、人民出版社，2016：69.

第5章 我国国家治理文化体系及其现代化发展路径

顶层设计层面的治理文化发展是对社会主义主导治理文化在相应的历史条件下的具体化，对各领域的改革和治理文化发展创新都起到统率和指引作用，对国家治理起到思想引领和文化保障作用。比如在如何实现"共同富裕"这一社会主义根本目标上，改革开放过程中，我国经历了早期让一部分人先富起来，到逐渐强调缩小收入差距的理念变迁过程，十八大以来，则明确指出"我们党推进全面深化改革的根本目的，就是要促进社会公平正义，让改革发展成果更多更公平惠及全体人民"。[①] 改革开放以来我国顶层设计层面国家治理思想文化的发展，是中国共产党深刻把握我国社会主义建设的阶段特征、时代特征，深刻把握工业化、后工业化、人工智能时代生产力发展的要求和国家治理现代化的实践要求，在深刻坚持以人民为中心的基础上所进行的理论创新、理念创新。

（二）微观具体层面的治理文化发展

微观具体层面治理文化的发展明显具有诱致性文化变迁的特征。在各领域鲜活的微观实践场景中，人们或为了资源更有效地配置，或为了更好地互助合作，或为了更好地厘清相互权利关系，或为了有效化解矛盾冲突，或为了更好地解决问题，或为了更好地促进共同权益等，场景中的多方主体会形成对各方都有利益增进或避免利益损失的规则，并在实践的深化中形成对这一规则的价值认可和遵循倾向，这一过程便是微观具体层面治理文化的诱致性变迁。微观具体层面治理文化的变迁与发展可以是原有文化的改进，也可以是全新的创设。比如我国生育文化的变迁。我国传统文化讲究多子多福，且重男轻女，这给20世纪八九十年代的计划生育政策的执行带来了不小的影响。随着子女抚养成本的上升和"只生一个好"生育文化观念的逐步确立，我国的人口控制政策取得了较好的效果。但这时另一个问题却又凸显，即人口老龄化。为了解决这一人口结构压力，我国生育文化又面临着由"只生一个好"向提倡合理多子女化方向发展。

第五节　我国国家治理文化体系现代化发展的重要内容

我国国家治理体系及其治理实践被事实证明具有科学性、人民性和有效

---

① 中共中央宣传部.习近平总书记系列重要讲话读本[M].北京：学习出版社、人民出版社，2016：76.

性。社会存在决定社会意识，同时社会意识又会反过来影响社会存在。我国国家治理实践决定了与之相适应的先进的社会主义治理文化的发展，同时决定了与之相适应的优秀传统治理文化的继承和创新。社会主义治理文化和我国优秀传统治理文化又反过来促进我国社会主义现代化建设与国家治理实践。

在国家治理体系现代化过程中，要根据国家治理实践的发展，推进与之相应的治理文化的发展。在新时代，我国国家治理总体上已经围绕着人民群众日益增长的美好生活需要和不平衡不充分的发展之间的矛盾展开，因而治理文化也要充分反映这一新的社会发展的规定性，服务于这一伟大实践过程。基于此，在国家治理文化体系现代化的发展方面，便能够确定一些需要坚持、发展和建设的基本内容。

一、坚持"四个自信"

"四个自信"的内涵是中国特色社会主义道路自信、理论自信、制度自信、文化自信。它根植于我国社会主义伟大实践。我国社会主义革命、建设和改革开放事业充分证明，只有社会主义道路可以救中国，可以发展中国，可以使得我国人民走向幸福的康庄大道。我们不仅要把社会主义道路走好，而且要通过文化建设，让全国人民，甚至让世界人民深入了解社会主义制度的优越性。"四个自信"是新时代进行治理文化建设的重要抓手，是中国特色社会主义建设和国家治理实践的必然结果，又反过来为国家治理和经济社会全面发展提供强大的信心、动力和精神支撑。"四个自信"作为一种心理、文化层面的要素，是我国国家治理体系现代化应有的、必须予以高度重视的内容。新时代，必须让"四个自信"文化不断加强，党政军民学，东西南北中，都要加强"四个自信"教育，这是中华民族伟大复兴的中国梦的重要文化保障。

加强"四个自信"教育，既要善于从历史角度入手，又要善于从当代国家发展实践角度入手。从历史角度入手，可以充分进行党史教育、近现代史教育。人们通过学习党领导全国人民夺取革命胜利建立新中国的历史，能够深刻认识我们党领导全国人民走向解放、走向幸福的过程，深刻认识党的领导和社会主义道路，是历史的选择、人民的选择，是马克思主义与中国革命实践相结合的胜利。人们通过学习社会主义建设和改革开放的历史，能够深刻认识到社会主义制度的优越性，能够深刻认识到社会主义制度的生机和活力。而在建设和改革历程中，都是党领导全国人民坚持社会主义文化，传承优秀传统文化的

第5章 我国国家治理文化体系及其现代化发展路径

条件下进行的，通过历史学习，能够使人们深刻认识到中国文化的重要价值。从当代国家发展实践角度入手，可以使得人们从国家治理所取得的辉煌成就中增加自豪感，从民生的巨大改善中认知幸福感、获得感、安全感，从国家现代化发展蓝图中感受中国梦的光明前景。通过历史和当代两个角度的教育，使得"四个自信"深入人心，必定会使得人们全身心自觉投入到社会主义建设事业中去，"人心齐，泰山移"，这对于国家治理和社会发展有着十分重要的意义。

当代青年要自觉接受"四个自信"教育，牢固树立"四个自信"信念。因为青年人代表着未来。当代青年要深刻理解"四个自信"，用之塑造自己的政治心理和政治忠诚，在根本上把个人人生价值的实现与中国特色社会主义事业统一起来。

当代青年要用"四个自信"奠定人生价值坐标，努力做合格的时代新人。青年人思维活跃，拥有未来，有着丰富多彩的人生梦想。人的本质是一切社会关系的总和，因而人的发展离不开国家与社会的发展，个人必须处理好个别与一般、特殊与普遍的辩证关系。新时代，我国最大的一般性、普遍性就是围绕新的社会主要矛盾建设中国特色社会主义，实现国家现代化。当代青年要从"四个自信"的高度，把这个一般性、普遍性作为自己人生价值和使命的自觉。只有把握好这个大方向，个人的追求和梦想才有了正确的方向。

"四个自信"既奠定当代青年的人生价值坐标，又为当代青年实现自己的人生价值提供精神动力。"四个自信"是历史经验的总结，而且会随着人民幸福和民族复兴伟大事业的蓬勃发展不断得到证明和强化，也就是说，"四个自信"作为政治文化理念是正确的、科学的，是为人民带来实实在在的获得感、幸福感、安全感的。因而，自觉投身到社会主义建设事业中去，成为其中的一分子，便是光荣的、最有前途的人生选择，而这反过来又会成为当代青年奋勇拼搏实现人生价值的精神动力。

二、提倡公益文化

公益文化与社会主义的本质属性是十分匹配的。社会主义就是要追求共同富裕、共同发展。新时代，还存在人民日益增长的美好生活需要和不平衡不充分的发展之间的矛盾，这决定了公益文化的重要作用空间。公益文化有利于在治理各种不平衡不充分问题的时候，使社会成员自觉做到先富帮后富、发达帮欠发达。公益文化实质上是一种奉献文化，一种追求更高的精神价值的利他文化，这种文

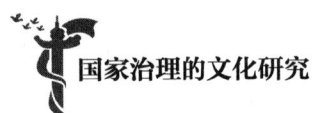

化对于治理机制的运行，具有很强的润滑作用。公益文化使得大家都对共同关心的问题的解决有一种责任意识，对他人有一种关注关心意识，能够使得人们自觉调整自己的行为，加强合作，促进治理目标的较好实现。公益文化既是社会主义的集体主义、无私奉献等精神的自然体现，也是我国优秀传统文化的重要方面。我国传统社会中，乐善好施、怜贫恤弱、兴办义学等公益文化对国家与地方治理都是很有益的。我们应该在全社会弘扬作为一种美德的公益文化，让社会运行更加和谐，更富正能量，使得人与人的关系变得更加温馨美好。

公益文化即是为公共利益做无私奉献的文化，在新时代人们普遍有能力为公益而贡献自己的一分力量。2020年是中国扶贫攻坚取得决定性胜利的一年，中国当前已经全面建成小康社会，这为普遍倡导公益文化提供了坚实的物质基础。当人们有做公益的能力的时候，还要有积极做公益的意识，还要有便捷地做公益的途径和场景。同时，虽然做公益是无私奉献，不求物质回报，但对做出突出贡献者予以精神鼓励和褒扬，则是持续引导和推动公益文化的一种社会机制。可见，提倡公益文化既是一种价值和理念的引领，更需要培育公益文化持续运行的条件和环境，这本身即是国家对社会进行治理的一个方面，而当这一运行条件和环境较为成熟而能促进社会积极产生公益行为时，则又有利于国家治理在一些具体领域、具体问题上取得更好的效能。公益文化，不仅仅意味着捐资捐物，事实上，人们在日常中的很多行为，都具有公益性质，比如自觉进行垃圾分类投放、自觉践行"光盘行动"反对食物浪费等，都具有公益含义。在影视剧、文艺节目、教育读物等文化传播形式中加入适当的公益文化和公益行为的元素，对公益文化的提倡会起到润物细无声的良好效果。

三、发展创新文化

时代在发展，社会在进步，实践总是会给我们带来新的挑战和机遇，国家治理体系也会不断面临新的情况新的问题。这是历史唯物主义的真理，也是辩证唯物主义矛盾论的科学启迪。对国家治理体系而言，其体制机制需要根据社会主义建设发展而发展，治理体系的具体政策举措需要不断创新方式方法以解决新的问题；就促进生产力提升、变"制造大国"为"制造强国"，实现产业转型升级，促进高质量发展而言，需要激发政府、市场、社会各主体的创新意识，需要保护创新积极性的一系列法律法规和社会文化氛围，这都需要创新文化。我国社会主义文化中向来具有创新观念，中国特色社会主义本身就是马克

第5章 我国国家治理文化体系及其现代化发展路径

思主义普遍原理与中国国情相结合的伟大创新。我国优秀传统文化中也有鲜明的创新基因，商鞅变法、王安石变法等，都体现了发展和创新文化。新时代我国国家治理文化体系的现代化发展必须包含创新精神和创新文化的发展。新时代随着社会化大生产的高速发展特别是智能时代的到来，国家和社会生活的各个方面，都要作出适应和促进生产力发展的改革，这都需要深厚的创新文化予以精神支撑和文化保障。特别是我国经济总量在不久的将来必将超越美国，那个时候更需要创新文化，使得我国国家发展避免自我满足、骄傲自满心态，促使我们不断以开放、进取的精神状态，努力把国家治理得更富、更强、更美。

发展创新文化，激发创新活力，需要高度重视教育。从基础教育开始就要培育人们的创新意识，培育人们探索新知的兴趣。要加大对研究生教育的投入，使得研究生教育阶段能够培育出更多的具备深厚学养和学术创新、科技创新能力的人才。要以更高的标准建设世界一流大学，国内知名学府要加强国内外学术交流，在重点专业领域紧盯世界学术发展和科技发展前沿，在创新中实现超越。发展创新文化，就要让创新者获得充分的权益保障。要保护创新者的创新成果产权，给予实现重要创新者充分的社会肯定，包括物质奖励和精神肯定，这有利于在全社会激发创新精神。创新者权益保障还包括对创新失败的保障，创新，尝试新鲜事物，探索未知领域，未必一定会成功，甚至很多都会失败。对于真正进行科学研究真心致力于科技创新的人员，要有一定的合理的容错机制。发展创新文化，还要鼓励和引导企业特别是大型企业加大研发投入，进行科技创新。放眼世界，许多大型企业特别是科技企业，都重视研发投入，都设有专门的研究部门，聚集了一大批科研人员，产生了很多技术专利，促进了科技创新。国家要通过技术创新补贴等形式，引导我国企业强化创新文化，引导更多的企业加大研发投入，提升创新能力，服务产业转型升级。

当代青年要自觉拥抱创新文化，铸就自身的时代胜任力。社会发展的每个历史阶段都有其鲜明的时代特征，新的阶段既是过去的延续，又提出了全新的课题，需要社会主体认真解决。时代是出卷人，社会主体能否交出一份合格的答卷，便是时代胜任力的问题。时代胜任力既包含过去时代积淀的需要继承的素质能力，更包含回答新课题抓住新机遇的新的素质能力。青年人既要继承和学习已有的经验、知识和方法，又必须勇立潮头，拥抱新时代、新事物，形成时代的胜任力。这是任何社会持续发展的必然要求。新时代作为第一生产力的科学技术发展日新月异，我国经济面临转型升级需要创新驱动，社会建设领域需要让人民共享发展成果并都有人生出彩的机会，文化上需要讲好中国故事形成中国话语，生态建设上需要绿水青山就是金山银山，政治建设方面需要实现国家治理现代化，国际关系方面需要对人类做出更大贡献。对于这些时代课题，当代青年作为时代新人，无论立志于哪行哪业，都要用创新文化锻造自己勇于创新的思维、百折不挠的创新意志，做好胜任新时代中国特色社会主义各项建设事业的准备。

四、弘扬传统德治文化和加强法治文化

以德治国是我国传统国家治理文化的重要方面，它与依法治国是相互促进的关系。以德治国，重在教化，通过各种教育途径，使得人民群众普遍信赖、接受和践行传统文化中的仁义礼智信、礼义廉耻、义慈友恭信、"天下兴亡，匹夫有责"等优秀内容，是十分有益的。这既是社会成员实现充分而全面发展的需要，同时，也对国家治理体系的流畅运行十分有益。因为说到底，治理是对人、人群、人的关系的治理，社会成员都有了道德君子淑女之风，则天下可不治而治，垂拱而治。要充分重视我国几千年优秀治理文化特别是德治文化的继承和运用，因为"道之以德，齐之以礼，有耻且格"。[1] 当然，德治与法治不可偏废，为了避免道德自然调节的风险，法治规则对社会基本秩序的界定在现代社会不可或缺，国家治理体系发展德治文化以劝善，同时又需完善法治以止恶定纷。法治带来的确定性预期是现代社会个体理性行为的最佳保障。

弘扬传统德治文化，要把握好继承传统和与时俱进的关系。文化是与一定的生产力和生产关系及相应的社会结构等具有相关性的，文化由后者决定并反作用于后者。同时文化一旦形成，又具有一定的相对独立性。传统德治文化有些是与古代的经济社会特征密不可分的，有些则是具有穿透历史的一般适用性的。这就要求既要继承优秀的传统德治文化，又要根据时代发展要求，特别是社会主义国家以德治国和社会主义市场经济发展的要求，实现传统德治文化的与时俱进，以更好地服务于当代国家治理。

加强法治文化，很重要的一个途径是在全社会确立法律在处理社会场景中的人际关系冲突时的基准地位。要避免谁闹谁有理、谁受伤谁有理、无理赖三分等不利于加强法治文化的现象。在行政执法和司法中，应摒弃和稀泥的做法，必须严格坚持以事实为依据，以法律为准绳，不让守法者吃亏，不让违法

---

[1] 《论语·为政篇》。

第5章 我国国家治理文化体系及其现代化发展路径

者得逞。当人们在社会生活中，感受到法治对自己权益的强大保护和对不法行为的有力惩戒，感受到法治带来的公平与正义的时候，法治文化便会在社会上得到广泛的认可。

当代青年要努力拥抱传统德治文化和法治文化。当代青年要深入理解和自觉践行孝、悌、忠、信、礼、义、廉、耻等传统美德，用好慎独、"吾日三省吾身"、见贤思齐等传统修身方法，用以厚植自己的道德品性。优秀德治文化绝不仅仅就修身谈修身，而是导向个体的担当精神，表现为人们对修身、齐家、治国、平天下人生路径的推崇。优秀德治文化对个体担当精神的引导和滋养还表现在丰富的天下观、利他观思想之中，比如"老吾老以及人之老，幼吾幼以及人之幼"思想、天下兴亡匹夫有责理念、天下大同思想、舍生取义思想等，用好这些德治文化资源，有助于当代青年成为有格局有担当的时代新人。在拥抱传统德治文化的同时，当代青年要同时拥抱法治文化，使自己的言行始终处在法律允许的范围之内，自觉做守法的模范。

第六节 结 语

在马克思、恩格斯看来，人们要生存，必然要进行物质生产和再生产，以获得生活资料。而生产活动是在人们相互结成的一定的物质联系之中进行的，而这种物质联系是随着生产力的发展而不断发展的。这种物质联系，由于是与人及人类社会的根本生存相联系的，因而是人的其他一切联系的基础所在。马克思、恩格斯认为，个体之间在生产过程中，形成物质联系，并"发生一定的社会关系和政治关系……社会结构和国家经常是从一定个人的生活过程中产生的"。① 这也就意味着，生产力发展了，人们的物质联系会发生演化，以人们的物质联系为基础的社会结构和国家也会相应发生演化，国家治理体系也要随着生产力的发展而发展。

任何对人民、对历史、对国家前途命运高度负责的政党、政府和治国理政者，都会重视国家治理体系现代化问题，都会重视治理文化的改革变迁之道，都会有着不断深化改革的理论自觉和实践自觉。科学技术革命日新月异，

---

① 马克思、恩格斯.德意志意识形态[M].北京：人民出版社，1961：19、31.

智能时代已经到来，生产力的发展和国家现代化发展的需要，使得改革开放成为"当代中国最鲜明的特色，也是中国共产党人最鲜明的品格"，而且"改革开放只有进行时，没有完成时"。① 我们要以勇于担当的精神，不忘初心，砥砺奋进，"到我们党成立一百年时，在各方面制度更加成熟更加定型上取得明显成效；到二〇三五年，各方面制度更加完善，基本实现国家治理体系和治理能力现代化；到新中国成立一百年时，全面实现国家治理体系和治理能力现代化，使中国特色社会主义制度更加巩固、优越性充分展现"。②

新时代我国国家治理体系现代化就是适应社会化大生产特别是智能时代的生产力发展要求，坚持科学性、人民性和有效性的比较优势，使得国家治理体系及其执行机制更加完善，不断促进社会公平和激发社会活力，为人民幸福和民族复兴伟大事业而努力奋斗的过程。相应地，文化上要通过系统协同性和实践回应性路径不断促进国家治理文化的现代化发展；实现居于主导地位的社会主义先进治理文化对其他治理文化的引导、重构、吸纳、统合和规范；实现国家治理文化随着科技革命带来的生产力的发展以及国家治理体系和治理能力现代化实践的深入推进而不断创新发展；要重视通过"四个自信"文化、公益文化、创新文化、德治和法治文化的建设，服务于新时代国家治理的伟大实践。

---

① 中共中央宣传部.习近平总书记系列重要讲话读本[M].北京：学习出版社、人民出版社，2016：68.
② 中共中央.中国共产党第十九届中央委员会第四次全体会议公报[N].人民日报，2019-11-1.

第6章　加强治理文化建设服务新时代国家治理

新中国成立以来我国国家发展和民族复兴伟大事业取得了辉煌的成就。在此基础上，新时代我国社会主要矛盾是人民日益增长的美好生活需要和不平衡不充分的发展之间的矛盾。新时代国家治理围绕解决这一主要矛盾而展开，在实现"两个一百年"奋斗目标过程中，进行伟大斗争，建设伟大工程，推进伟大事业，实现伟大梦想，必须与时俱进，通过改革创新持续推进国家治理现代化。在促进这一现代化的进程中，要善于在把握国家治理实践发展的基础上，加强治理文化建设服务于新时代的国家治理。

第一节　合作治理中的政府理念观念的发展

治理理论兴起于20世纪90年代的西方国家，治理机制被认为是与市场机制、政府科层命令机制相并列的人类社会三大协调方式之一。早期研究者断言，治理机制可以抛开政府，或者说办好事情并不依赖于政府。这一言说在一定程度上是由于西方治理理论先驱者力图在理论上突显治理与政府统治与管理的区别。但在实践上，治理机制在部分领域虽然确实可在一定程度上替代政府管理，但政府仍然是治理的主要的核心的主体；且即使在治理机制发挥主要作用的领域，政府仍具有极为重要的功能。这就要求政府必须掌握能够使治理机制良性运行的关键能力，同时必须与时俱进实现与政府关键能力相匹配的理念观念的发展。

一、合作治理机制中政府的责任担当与能力提升

在合作治理场景中,利益相关方构成治理的主体网络,通过主体间的谈判、协商和互动,就共同关心的问题和诉求形成一致的目标并促进协同行动以实现目标。在此情形下,似乎合作治理的主体网络从政府手中承接了事权,政府可以置身事外垂拱而治或者至少责任得以大为减轻。然而,这一认知并不符合现代民主政治的基本逻辑,也不符合治理机制的实然状态。

现代民主政治的基本逻辑是按照选举的规则组建政府来维护社会秩序和促进公共利益。因而政府是公众授权的公共权力的垄断者,同时也是公共责任的主要承担者。而合作治理机制中的各种利益相关者的治理主体地位,并没有经由民众授权。因而,从宏观上,合作治理机制中的主体权力,只有看作是政府公共权力的一种派生,才能完成其合法性构建。在治理实践中,这种派生关系能够清晰地辨识出来。一般而言,这种派生主要有两类形式:一是合作治理主体虽然在政府不直接干预的领域活动,但合作治理主体却需要经由政府部门的注册备案等程序获得政府的认可,这是一种资格授权;另外一种形式则是政府在自身可以抽身出来的公共事务领域,引入或授权给非政府机构从事相关服务活动,这是直接赋予事权。因而,在规范意义上,尽管人们认为合作治理机制存在公私界限模糊以及责任不清的问题,但政府对于合作治理机制运行的成败及对民众相关福祉仍然负有不可替代的政治责任。

事实上,就像市场机制和科层制会失灵甚至失败一样,合作治理机制也存在失败的风险。因为合作治理机制的运行依靠的是相互的信任与合作精神,[①]不像市场中价格机制与科层制中行政命令那样具有约束力。合作治理机制的实然状态是在复杂的人际间、组织间甚或系统间的复杂互动中实现对治理目标的共识和治理行动的协同。这蕴藏着风险:一方面,各种主体存在差异性,基于资源投入和目标满足的对比,可能对治理过程的评价有所区别,甚至会发生道德风险;另一方面,不同主体本身所拥有的知识结构、组织文化和行为模式之间的差异,也可能会对行动的协同带来障碍。面对治理机制的这一事实,人们认为需要对治理进行治理,对自组织进行组织,从而使合作治理机制得以有效运行,而政府因其公权力地位以及对民众的不可替代的政治责任,十分有必要担当这一职能。

---

① 俞可平.治理与善治[M].北京:社会科学文献出版社,2000:95.

第6章 加强治理文化建设服务新时代国家治理

政府促进合作治理机制有效运行所需要的能力显然与政府运用科层组织体系直接解决公共关切的问题满足公众的诉求所需要的能力存在差异,政府直接管理的情况下,政府是用稳定的科层命令机制这一恒量面对动态复杂的公共问题变量;而在合作治理机制的领域,政府面对的是结构复杂的治理者网络和动态复杂的公共问题,而且,保证结构复杂的治理者网络合理行动的时候,政府常态下不能像在自身内部那样运用层级管制的方式,这无疑给政府带来了能力上的挑战。因此,在合作治理机制运行的领域,政府需要进行相应能力的发展与提升。

二、合作治理机制良性运行的政府关键能力分析

在一定意义上,合作治理被看作是政府在特定领域对社会进行管理的一种新的方式,政府通过放权、赋能,促进治理机制的形成,"治理网络……把政府的行政管理任务接收了过来",① 以解决特定领域的公共问题和满足民众的相关诉求。然而,合作治理机制有失效甚至失败的风险。合作治理机制虽具有相对的自主性,但需要政府"能够间接地并且在一定程度上调控"② 合作治理网络。政府要履行好这一职责,需要与合作治理机制良性运行相匹配的关键能力。

(一)界定合作治理情境的能力

合作治理机制、科层命令机制、市场机制,都是协调人类社会秩序的方式,都解决特定人类问题和满足相应的利益诉求。政府和市场在人类历史上久已有之,合作治理机制,从利益相关方自我组织来实现一定的共同目的来看,亦早就存在。只是随着福利国家问题凸显和私有化市场化改革的局限显现,合作治理作为一种理论也作为一种实践,自20世纪90年代以来取得了引人瞩目的发展。在当前世界,这三种人类秩序协调方式并不是相互取代的关系,而是呈现出相互支撑的关系,"它们各自有不同的特点,在不同时间适合于不同的情况"。③

因而,政府应当具备清楚界定治理情境的能力,只有适合引入或创建合作治理框架的社会情境,政府才能通过授权、赋能等把合作治理机制引入到公共

---

① [英]格里·斯托克.作为理论的治理:五个论点[J].国际社会科学杂志(中文版),1999(1):19-30.
② 俞可平.治理与善治[M].北京:社会科学文献出版社,2000:97.
③ 俞可平.治理与善治[M].北京:社会科学文献出版社,2000:103.

事务中来。当今世界,与政府统治相对应的社会领域无不处在高度发展变化之中,社会系统功能分化日渐加强,每一子系统的专门知识日渐凝聚,系统要素交互影响、相互依存或相互制约关系日趋广泛而复杂,"被区分开来的社会子系统的自我参照和内在动力使得传统法律方式的集权政治控制越来越困难",①这为合作治理机制发挥作用提供了机会。当作为政府统治的客体的社会系统具有以下三个基本特点的时候,合作治理机制被视为可行的选择:

一是某一具体社会事务领域的系统复杂运行所蕴含的丰富知识和信息量,给政府直接管理带来高企的成本,同时在政策选择上产生价值困扰,在政策结果上存在较大不确定性,也就是人们常说的"政府管不了也管不好"的情形。

二是这一具体社会事务领域发育出了一定数量的组织化主体。这降低了治理机制中谈判协调的交易费用,能够增进信任,避免极端化取向。

三是这一社会具体领域的主体间存在通过谈判协调行动的需要以及专有资源之间的依赖关系,这种依赖关系很难通过政府命令来协调,也不能通过市场交易来有效实现。

(二)与合作治理主体良好互动的能力

政府要实现对合作治理机制的有效调控,需要具备与相关主体良好互动的能力。这一互动能力基本包含两个层面,即个体层面和组织层面。要做到与相关主体良好互动,一个前提是政府机构及其官员要具备了解合作治理主体网络结构及功能的特点、合作治理过程与其产出的因果关系的能力。

公共部门及其官员有必要学会与合作治理主体平等协商,因为此时毕竟是需要合作治理主体的知识、资源投入和协同行动来解决问题,政府对合作治理机制的有效调控很容易通过微观层面的伙伴式的建设性的平等交流来实现,"公私伙伴关系是治理的核心要素"。②

在政府与合作治理主体的互动中,官员个体的人际交往能力具有特殊的作用。虽然官员个体是代表政府机构与合作治理主体进行交流互动,但官员如果能以其才华、能力、热忱等要素为基础而营建起与治理参与者的相互信任、信赖和情感纽带,无形中便构建了一种非正式组织关系,这种非正式组织关系在信息交流的及时性、真实性、便捷性等方面有其独到的优势。当然,要避免官员个体违背所代表的政府机构的政策目标,甚至借机牟取不当个人利

---

① 俞可平.治理与善治[M].北京:社会科学文献出版社,2000:208.
② 田凯、黄金.国外治理理论研究:回顾与展望[J].政治学研究,2015(6):47-58.

第6章 加强治理文化建设服务新时代国家治理

益。在此前提下,把政府意愿通过官员与合作治理主体朋友般的交谈方式纳入治理机制运行过程,无疑在政府和社会之间的互动中能起到良好的润滑剂作用。

三、提升政府促进合作治理的理念观念

政府机制与合作治理机制的关系类似于政府机制与市场机制的关系。合理划分政府与市场的边界,尊重市场机制调节经济运行的基础功能,同时发挥好政府的作用,有利于经济持续健康发展。同样,在一般地发挥合作治理机制的领域,有效发挥政府的调控功能,有利于协调好各种关系,促进问题的解决,提升公共服务的质量。有效发挥政府对合作治理机制的调控功能,需要政府具备与合作治理机制良性运行相匹配的关键能力。而这需要通过文化建设,实现政府相关理念观念的发展。

(一)树立合作治理理念

合作治理机制不仅仅是一种社会协调方式,也不仅仅是一种技术层面的东西,而是同时蕴含着理念层面的规范。评判政府管理水平有两条最基本的标准,一是民主性,二是有效性。政府在具体领域引入治理机制,在解决问题和供给公共服务方面提升了有效性,而且治理机制本身意味着在公共秩序的协调中引入了民主参与,增强了公共事务的社会参与性。[①]

政府运行中,树立合作治理理念,能够吸纳更多的社会主体、社会资源进入到公共事务的解决过程中来。从所谓没有政府的治理到全能政府两个端点之间,社会变迁的不同时空结合点适用相应的合作治理机制与政府管理的不同组合。政府树立合作治理理念,可以在适宜的领域内引入治理机制要素,从而为界定治理情境基础上的机制选择提供现成的条件。

(二)形成升维思考观念

在时间维度上,合作治理机制存在着博弈于眼前利益而忽视长远方向和机会的风险,这是由治理机制的谈判达成目标共识和行动协同这一特点决定的。近期利益是治理参与各方最容易辨识、最容易关注的共识因素。越长远的东西,在各方博弈谈判格局下,越容易被忽视或牺牲。同时在空间维度上,合作治理机制发挥作用的具体领域属于更大的社会系统的组成部分或子系统。治理

---

① 汪雪芬、伋杏濛.国家治理视域下的"国家政权建设"研究[J].江西师范大学学报,2017(1):32-39.

机制参与者在谈判协商过程中，存在局限于自身子系统看问题的倾向，这无论是从自利本性还是信息成本等角度来看都是自然而然的结果。

作为合作治理机制的调控者，政府及其官员要形成升维思考观念，在时间维度上进行纵向深度思考，在空间维度上进行横向宽幅思考。时间纵向深度思考，使得政府能够站位在未来的高度，审视治理领域的发展趋势，从而摆脱治理主体间的谈判与博弈的眼前羁绊，为合作治理提供方向性的远景擘画支持。政府确实能够提供有说服力的持续发展持续有效治理的指引，能提供前瞻性有价值的意见，会赢得合作治理各相关方的尊重，有利于密切政府与各相关方的相互关系。空间横向宽幅思考，使得政府能够超越各合作治理主体的本位利益视角，确定治理机制所在领域与相邻领域、与更广泛的社会体制之间的关系状态，从而给合作治理主体提供一种咨询，这种咨询保证治理机制所在领域与相邻领域处于互惠或至少平行不相害的状态、与更广泛的社会运行能够兼容互适或至少不产生剧烈冲突。

（三）形成良好的互动关系文化

政府与合作治理机制的相互关系，或者说双方的权力、权利与行为，当然是有着法律法规或一定的合约予以规范的，法治是当今世界一切秩序的底线保障。然而，政府在调控合作治理机制的时候，只有治理机制形成的结果对社会秩序造成负面冲击时，才宜果断采取政治和行政处置，对合作治理机制进行改造，甚至暂停其运转。

在常态下，政府对合作治理机制的期望，或说政府想通过合作治理机制达成的自身的政策目标，其实现程度有赖于治理参与各方的相互合作。各参与方的行为强度和贡献意愿是自主的，在合作治理中机会主义行为虽不道德但并不突破法治堤线。此时政府采取强制措施并无助于问题的解决，政府有必要形成与合作治理机制参与各方有效互动关系模式，这种模式体现着伙伴精神、合作精神和平等协商的价值。当合作治理机制谈判协调机能出现问题的时候，有效互动模式使得政府能够在介入时间、空间、人员等方面有路径可依。在持续互动中，政府可以通过事后评估逐渐改进互动模式，明确有效介入的关键点，逐渐探索成熟的互动模式。这一模式通过时间积累形成惯例、习惯乃至良好的互动关系文化，被各参与方所接受和传承，会提升政府真正有效影响合作治理机制的能力。

第6章　加强治理文化建设服务新时代国家治理

第二节　借鉴理性官僚制建设理性政府过程中要谨防五个思维误区

理性官僚制，系由德国著名学者马克斯·韦伯提出，相关观点见其所著《社会和经济的组织理论》《经济与社会》等著作。众所周知，韦伯认为任何组织都需要一定形式的权力作为行动的基础，理性官僚制应基于合乎理性和法定（rational-legal）的权力，应合理配置这一权力并用法则的形式予以确定，权力归属职位，而不是归属占有职位的自然人。理性官僚制组织强调分工明确，层级节制，照规章办事。官僚职位应在考试合格后以任命形式获取，官僚职位应具有专业化和职业化性质，薪酬稳定。理性官僚制能够提升政府的理性化、制度化、规范化、法治化水平，是构建现代国家"明确无误的尺度"。①

一、理性官僚制有利于理性政府建设

韦伯的理性官僚制是对工业革命带来的经济社会变化的积极回应。

首先，政府管理借鉴工商业领域的做法，在历史上可以说一再发生，比如近二三十年的从电子商务到电子政务。19世纪中后期，西方国家以电的广泛使用和内燃机的推广应用为代表的第二次工业革命，极大地提高了生产力，也使得人们的生产组织形式发生了新的变化，工业领域的标准化流水线作业等由于其带来的效率的显著提升而日益兴起。在一定意义上韦伯理性官僚制作为一种理性设计，是对工业领域高效工作组织形式的一种反映。

其次，韦伯的理性官僚制也是对蓬勃发展的工业化带来的社会公共事务的复杂化的一种反映。西方国家19世纪中后叶到20世纪初，在第二次工业革命推动下，经济发展在极大改进人们生活水平的同时，也带来了诸如两极分化、环境污染、经济危机等大量复杂社会问题，这无疑需要提高政府的执行力来应对挑战。理性官僚制主张层级节制、职掌明确、遵守规章并纪律严明，无疑对于贯彻公共政策提供了坚实的组织保障，"韦伯的理性官僚制为行政国家提供

---

① [德]马克斯·韦伯.经济与社会：下卷[M].北京：商务印书馆，1998：736.

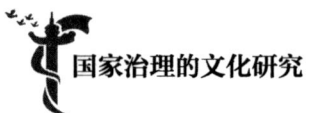

了组织形式"。①

最后,韦伯的理性官僚制也适应了垄断资本的安全需求。资本对于可预期的政策环境以及较高的行政效率具有需求,以保障自身的安全和效率,且垄断资本规模更大,这一需求更高。理性官僚制强调行政机构的非人格化,严格按法纪办事,适应了资本的这一需求。

自十八届三中全会明确提出实现国家治理体系和治理能力现代化以来,相关研究取得了丰硕的成果。通过考察我国治理现状,学界认为"就中国而言,国家治理体系改革的根本目标是为中国建立一个合理、稳定且可持续的现代国家运行体制"。②现代理性政府被认为是现代国家的基本要素之一,建设现代理性政府的核心则是"以科层结构为主干的建立在现代价值观和法理基础之上的行政官僚体系",③但"中国理性官僚制建构表现出严重的不足",④因而学者们主张借鉴理性官僚制推进我国理性政府建设。

二、借鉴理性官僚制的五个思维误区及其化解

如何结合我国治理实际,科学借鉴韦伯的理性官僚制,需要与我国的国家体制机制和经济社会发展需要及历史文化特征等联系起来看,需要辩证分析,深入思考,对症施策,避免陷入思维误区。

(一)线性思维的误区及其化解

我国当前无疑取得了工业化的显著成就,生产领域的变化引起整个社会的同向变化,带来人们福利改进的同时伴随着大量社会问题的产生,这一点具有规律性。当前我国面临着诸多挑战,比如老龄化问题、环境污染问题、金融和经济运行风险问题等。为了有效应对挑战,推进国家治理现代化是正确的战略举措。在这个过程中建设理性政府,借鉴理性官僚制是必要的,但如何借鉴,则应审慎分析,要避免陷入线性思维的误区。

从系统论的观点来看,事物有线性发展和非线性发展两种基本模式。线性

---

① 颜昌武、林木子.行政国家的兴起及其合法性危机[J].理论与改革,2018(2):112-121.
② 薛澜、张帆、武沐瑶.国家治理体系与治理能力研究:回顾与前瞻[J].公共管理学报,2015(3):1-12.
③ 蓝志勇、魏明.现代国家治理体系:顶层设计、实践经验与复杂性[J].公共管理学报,2014(1):1-9、137.
④ 李韬、吴思红.理性官僚制建构与中国行政文化转型[J].中共杭州市委党校学报,2016(3):40-46.

第6章 加强治理文化建设服务新时代国家治理

发展是简单的因果对应关系,由此因必然导致彼果。而非线性发展则具有高度复杂性,因果之间不是简单的一一对应关系,而是可能存在多因一果、一因多果,甚至多因多果的关系,事物发展演化到临界点的时候,可能有多种可能性,多个演化分支。人类社会作为开放系统,其内部子系统常常在发展过程中展现出多样性的特征。就市场形态与政府组织形式这一系统而言,就是一种复杂的动态对应关系。

20世纪前期,西方国家在工业化的推动下,在政府组织形式上构建了理性官僚制及行政国家,以提升治理效能,从而应对工业化带来的治理需要。中国作为后发赶超型国家,在工业化过程中,是否要严格按照历史上西方国家的模式来进行行政改革并建构理性官僚制和行政国家?如果简单地这样认为,实际上就陷入了线性思维的误区。事实上,作为后发赶超型国家,我国在工业化背景下推进行政改革,远比西方国家历史上面临的情景更为复杂。学者周志忍很早就认识到了这一复杂性,认为与西方比较我国政府改革存在着时空错位问题,中国与西方国家在政府改革措施方面常常方向相反,这"使我们在改革决策的选择上遇到了困难,或者说陷入了两难的境地"。[①] 然而,只要我们破除线性思维,就能把这种两难境地转化为后发优势。我们要充分考察西方国家在20世纪后半叶对理性官僚制及行政国家的改革,从一开始就注意避免其不足,借鉴其长处,来服务于我国理性政府建设。我们更要充分基于我国工业化的特点,依据我国国情,来合理借鉴韦伯理性官僚制的有益和适宜成分为我所用。在这里要辩证地思考三点:一是我们的确需要加强理性政府建设。工业化带来的标准化、规范化生产组织形式必然要求作为上层建筑的政府体系加强自身理性建设水平,以使得政府运行与工业化发展更加匹配。同时,加强理性政府建设,提升治理效能,也是更好地应对工业化带来的各种社会发展中的新问题新挑战的必要举措。二是依法治国依法行政是国家意志也是社会关切。韦伯理性官僚制强调基于合乎理性和法定的权力,注重规章法纪的作用,无疑有利于法治政府建设。三是我国今天的工业化与西方构建理性官僚制时代的工业化不完全相同,信息技术、智能技术等对生产组织形态和社会运行具有显著影响。

(二)孤立思维的误区及其化解

西方国家在20世纪前期通过韦伯的理性官僚制及其组织基础上的行政国

---

① 周志忍.当代国外行政改革比较研究[M].北京:国家行政学院出版社,1999:547.

家的建构，提升了应对工业化带来的社会问题的能力。这一点为国内外学术界所公认，也是历史事实。当前我国工业化进展取得了重大成就，深刻地改变着我国的社会面貌，也带来了一些公共问题和社会风险，在应对时需要推进国家治理现代化，需要建设理性政府。在这个过程中，韦伯的理性官僚制具有他山之石的正面价值。但是一定要用联系的观点，也要用整体的视角来推进理性政府建设。

要认识到吸收理性官僚制的有益成分，只是理性政府建设的一个具体方面。要有效推进理性政府建设，还有赖于一些更为基础性的工作。

第一，形成公共权力体系的合理分工与监督机制，2018年国家监察权的单独设置就是一个优化举措；长期执政条件下执政党本身属于公共权力体系的领导性构成部分，新时代如何加强党的领导，提升决策质量，实现对党员干部的有效监督，这都是理性政府建设的基础性工程。

第二，促进国家与社会关系的平衡，这一问题本质上是公共权力体系与社会权利领域的有效监督关系的构建，国家及政府作为一国内掌握公共权力和巨量资源的最强大的组织化力量，在理性政府建设中需强调其作为"公共组织"的角色，避免成为"利维坦"。国家机构要贯彻以人民为中心的理念，自觉接受人民群众的监督。

第三，法治观念和行为模式的形成。依法治国在我国推进多年，也取得了显著的进展，但宏观上如何运用规则来规范国家和政府的角色、作用范围及行为方式，微观上如何使得国家工作人员和社会成员将法治内化于心外化于行，仍然需要通过继续深化改革来予以推进。

（三）简单化思维的误区及其化解

借鉴韦伯的理性官僚制，如果仅仅关注职权法定、层级节制、照章办事这些表层的东西，比较容易操作，也有其实际价值，因为理性官僚制的非人格化取向和强调遵守法定规则，能够降低人治因素，提升依法行政水平，也能在一定程度上确保行政机构的效率等。但如果流于上述层面，则失之于简单化。韦伯认为理性官僚制的基础是理性的合法的权力，对这一属性的权力的关注与思考，是我们借鉴理性官僚制过程中更需要注意的根本性的东西。

理性，是西方自古希腊以降政治哲学范畴的基本概念，其基本含义包含两个方面：一是思考问题要符合逻辑性；二是追求对事物本质与规律的认知。西方政治哲学认为运用理性思考政治领域，能发现政治领域具有普遍性、本质性、规律性的要素,这一要素称为自然法。① 自然法能够被人的理性所理解和认知,因而在西方政治哲学知识系统中,理性几乎等同于自然法,即"理性,也就是自然法"。② 在西方政治哲学中,由于自然法被认为代表了政治世界的本质和规律,因而它对现实政治领域具有评判功能,这一点类似于我国传统政治文化的道统对于治统的规范功能。韦伯的理性官僚制所依据的理性的合法权力,从西方政治哲学角度来看,是要求权力在属性上要符合理性主义和自然法,即这种权力的来源、设置及其行使,须符合国家治理领域的本质要求和普遍的运行规律。在此基础上通过人定法将权力配置给公共职位,此时理性合法权力便告落地。人定法只是理性合法权力落地的末端环节,单纯人定法只是提供合乎法律的形式,人定法必须体现政治世界的本质和普遍规律,其所设定的政治权力才具有合法性、正当性。思考韦伯的理性官僚制,如果不深入关注上述内容,而停留在简单易识的表层看问题,显然会失之于简单化。

在今天的我国,借鉴理性官僚制,也有必要深入思考其基于法定规则的层级节制机制背后的公共权力问题。要依据政府与市场及社会的合理功能划分,对公共权力的设置、配置,以及其运用方式等作出科学界定。与此同时,还要注意到,在快速变化发展的我国,在全面深化改革的历史进程中,政府组织可能面临着不断出现的新情况新挑战,此时居于较高层级具有决策和命令职权的官员可能经常需要作出自由裁量来应对现实,也就是说,在当前我国,借鉴理性官僚制,还必须研究为官僚科层制选拔适应改革的各级决策者,在其自由裁量权及可能引发的对非人格化权力的侵蚀之间寻求平衡。

(四)"外来和尚"的思维误区及其化解

在我国国家治理现代化和理性政府建设中,可以借鉴西方国家的有益经验,为我所用。毕竟西方早发国家走在现代化的前列,其历史经验虽具有西方历史文化特色的烙印,但在其特殊性中也当然包含着现代国家治理的一般性经验。通过法律和制度规范国家行为,合理界定国家与政府的作用范围、作用方式,提升国家和政府的理性水平和治理效能等,是国家治理现代化具有共通性的经验,也是我国追求现代化的历史进程中自主探索的重点内容。

国家治理中具有共通性的经验和目标容易达成共识,因为这些内容可以超越具体的地域、文化、国情带来的差异,而为人的理性所认知,并被实践所证

---

① 唐士其.西方政治思想史[M].北京:北京大学出版社,2008:5-6.
② [英]洛克.政府论:第二册[M].北京:九州出版社,2007:307.

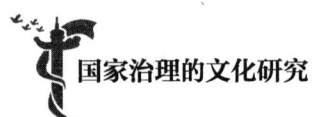

明。而如何推进理性政府建设，提升公共治理的效能，则是相对具体的手段和方法的选择问题。这一选择过程，与各国的特殊历史文化和国家发展阶段等是联系在一起的。西方国家通过构建韦伯理性官僚制，提升了政府的理性化、制度化水平，但我们在借鉴理性官僚制促进我国理性政府建设的过程中，要避免"外来和尚"式的思维误区。

韦伯理性官僚制的确有其优点和长处，在我国理性政府建设中借鉴其有益成分是有必要的，但这里要正确处理好借鉴理性官僚制与优化我国既有公共组织机制的关系。我国公共组织是一个庞大的系统，其在组织的整体层面和各级各局部层面都是按照民主集中制来运行的，即我国公共组织实行民主集中制。政府机构与社会之间、政府组织上下级之间、中央决策中枢与整个公共组织各级各地组成部分之间都体现民主集中关系。全国性的政策和不同层级不同部门的决策都是在民主基础上达成的集中，并由领导中枢将民主集中制下做出的政策决策进行部署推进。民主集中制下国家政策是各方参与酝酿的，它符合人们对国家治理的广泛共识，因而不仅干部还有社会成员都会认可和拥护国家治理的政策方针；同时国家政策方针在各地各领域执行时，民主集中制又赋予了下级在不违背政策实质前提下因地制宜保持合理弹性的执行权。

这是我国公共组织既有机制的实质所在和优势所在。借鉴理性官僚制，可以参考其对人治的抑制、对理性、规则和纪律的强调等有益成分，这在一定意义上有利于我国既有公共组织机制的改革和完善。但必须要把握住的是，借鉴理性官僚制，是为了服务于我国既有公共组织运行机制的优化，而不可陷入"外来和尚"式的思维误区。

（五）官本位混同理性官僚制的思维误区及其化解

受几千年的封建专制政治文化影响，官本位思想在我国一定程度上还存在。归纳起来，官本位思想有以下五个基本表现：一是权大于法；二是官大于民；三是逢迎上级压制下级；四是保官位、升官位是官员的强烈诉求；五是将权力变现为私人经济利益。为人们所诟病的官僚主义便是官本位思想的外化。

在借鉴理性官僚制推进理性政府建设的过程中，有必要强调理性官僚制和官本位的严格区分，不能让官本位借理性官僚制的外壳暗度陈仓。理性官僚制和官本位行为依托的都是金字塔状的层级组织结构，因而在某些运行形式上具有难以避免的相似性，比如理性官僚制的层级节制与官本位下的"官大一级压死人"，又比如严格遵守理性官僚制下的工作标准和办事纪律与官本位官僚主义下的机械主义和冷漠问题。如果不能精准区分理性官僚制和官本位，就可能打着借鉴理性官僚制的名义强化官本位和官僚主义作风。

因此，在借鉴理性官僚制促进理性政府建设的过程中，一定要认识到理性官僚制强调权力法定，强调权力非人格化；一定要认识到官本位与人治、权力人格化、权大于法密切相关。认识到上述区别，有助于我们避免陷入混淆理性官僚制和官本位的思维误区，有利于有效化解理性官僚制的金字塔状组织结构及其层级节制机制所蕴含的官本位风险。

三、辩证地借鉴理性官僚制

理性官僚制是西方国家早在20世纪前叶因应工业化带来深刻社会变化而实践的旨在促进政府治理的制度化理性化规范化水平的一种组织方法和技术。在国家治理现代化过程中，探索工业化成功推进背景下的我国理性政府建设，我们有必要借鉴包括韦伯理性官僚制在内的各国的有益经验，这有利于从不同的视角审视我们自己的发展型态。我们需正视西方国家的早发地位，以开放的心态观察和借鉴产生于西方的理性官僚制。

但在这个过程中，要切忌盲目认为西方国家的具体做法方法和经验是灵丹妙药，从而不加辩证照单全收。在国家治理现代化和理性政府建设中，盲目推崇理性官僚制等西方的手段工具，可能会产生不符合我国国情的情形，最终使得改革和建设效果不彰。而且在具体吸收借鉴韦伯理性官僚制有益成分的时候，要充分考量西方历史文化社会背景下产生的知识与我国历史文化社会及时代环境的相容性，要避免陷入思维误区。在人文社会科学领域，有必要将西方的知识产品作为我们进行知识生产的素材和他山之石，而非直接作为成品投入应用。

改革深刻改变着我国，改革正在进行时。在这一具有深远影响的历史实践中，理应产生出丰富的有价值的思想学术成果。在我国国家治理改革发展的历史实践中，我们要不断丰富自己的知识资源和话语体系，讲好中国故事，形成中国方案，为人类国家治理领域提供中国智慧。如此，才能不断赋予我们道路自信、理论自信、制度自信、文化自信以鲜活的内容。

第三节 通过基层文化建设助力涉企微腐败治理

近年来,从中央到地方,都十分重视给企业降税减负,目的在于营造更加优越的营商环境,激发企业活力,提升经济运行的韧性。特别是在当前国际贸易秩序出现纷扰的形势下,降税减负更是保障企业稳健持续运转、稳定就业和改善民生的重要抓手。然而一些地方基层执法人员在对企业进行执法检查过程中,却屡屡发生权力寻租的微腐败现象,加重了企业负担,干扰了企业的正常运营节奏。据统计,在持续反腐高压态势下,微腐败在"数量上并未出现明显下降",微腐败的治理任务具有"长期性、艰巨性"。[①] 当然政府机关应加强对企业的执法检查,切实在环保、消防、安全生产、劳动者权益等各方面使得企业符合政府规制要求。守法经营的企业才能基业长青。但微腐败的问题在于借着对企业执法检查之机,获取个人好处:或明或暗要求企业招待,吃吃喝喝;收取购物卡、礼品等,但价值不高于入刑要求的限额;要求企业安排亲属工作、在企业运营管理中照顾亲朋好友的生意等。纠治微腐败问题,既是改善微观市场主体发展环境的必然要求,更是实现国家治理体系和治理能力现代化的应有之义。

一、从系统思考的角度重视涉企微腐败的危害

对企业执法检查过程中的微腐败,看似金额不大,影响可控,不会导致企业发生生存危机。但从系统思考的角度,涉企微腐败却又隐含着很大的危害性。

(一)微腐败破坏地方营商环境

政府与市场关系的合理界定是现代市场经济发展的核心命题之一,政府的政策和行为方式乃是企业运营的重要环境。当今世界不仅是发展中国家,而且很多发达国家也很重视通过政府积极作为以营造良好的营商环境,来吸引市场主体投资兴业,拉动本地经济发展。基层执法人员虽然在整个政府机构层级中

---

① 邹东升、姚靖. 新时代微腐败治理的纪法衔接[J]. 理论探讨,2019(1):128-134.

第6章　加强治理文化建设服务新时代国家治理

处于末梢，不是政策的制定者，更多的是在微观层面具体地贯彻执行上级的既定方针，但基层执法人员某种意义上来说却恰恰是政府展示在企业眼前的界面，企业对于政府管理与服务的体验，直观地来自直接与他们接触的基层工作人员。所以微腐败影响到市场主体对整个政府形象的评价，如果任其发展，则可能由偶发式的轻微问题演变为陋习式的普遍现象，恶化营商环境，引发企业经营者用脚投票行为。这绝非危言耸听，因为对企业执法过程中的一些基层微腐败，一方面增加了企业成本；另一方面增加了企业管理层的时间和精力耗散。近年来国家一直强调优化营商环境，给企业降税减负，一些地方在尽量减少政府对企业经营的干扰方面提出了"不叫不到，随叫随到"的方针，有利于减少涉企微腐败；也有一些地方在这方面着力不多，形成了招商引资的障碍。

（二）微腐败使得涉企政府规制效果被侵蚀

涉企执法具有严肃性和必要性，是把政府对企业的必要的规制落到实处的必然举措。通过科学有效的政府规制，才能保证企业自身的成本收益和整个社会的成本收益相平衡，从而促进社会主体资源利用成本与收益的公平性。比如政府对企业的环保检查，就是促使企业把给社会带来的环境污染这一负面的外部性转化为企业自身的成本要素，而不是企业获利，环境破坏却由社会买单。而一旦涉企微腐败发生，则会使得政府对企业的规制目标受到侵蚀，这主要经由三个途径。

一是按照法律法规和政策理应要求企业整改的具体内容，可能被"高举轻放"，涉企政府规则被微腐败参与双方合谋交易而牺牲掉。

二是企业相关实际状况并无违反涉企政府规制之处，但执法人员牵强执法，迫使企业经营管理者主动寻求法外应对之策，政府公共权力成为微腐败双方的交易标的，这种牵强执法是对政府规制目标的扭曲，即所谓过犹不及。

三是当微腐败演化为一些地方基层执法过程中的潜规则的时候，它可能塑造出一种企业应对政府规制的行为选择倾向，固化为一种行动模式，这会对贯彻落实政府规制造成一定程度的干扰。

微腐败作为政府规制的末端变异，它实际上表征的是政策执行扭曲的问题，政策研究的文献已经表明，政策执行过程中可能会在中间层发生"中梗阻"现象，[①] 但其实末端变异的害处也不容小觑，它可能使得雷霆万钧的政策

---

① 王春福.政策运行过程的"中梗阻"及其治理[J].中共中央党校学报，2015（4）：96-100.

号召在最末端消于无形。

（三）微腐败是政商关系不清不正的微环境和温床

十八大以来，我国反腐工作力度空前，坚持"打虎拍蝇"，成绩显著。从公布出来的涉案罪行来看，很多严重贪腐行为都是发生在政商关系不清不正的场景中。虎和蝇，都已经触犯了刑事罪条，微腐败则仅是基层一些办事人员层面的"吃拿卡要"违纪行为，尚未触及刑事犯罪。相比于虎和蝇，微腐败人员属于蚊虫。从廓清政商关系角度而言，"打虎拍蝇"有利于震慑不法，形成高压态势；但如果不能同时清除微腐败，则蚊虫之患仍然可能演化为蝇虎之灾。这主要是由以下两条路径导致的。

一是微腐败随着人员职务晋升而向严重腐败转化。微腐败人员作为政府基层工作人员，在人事选拔流动中，仍有可能被提拔到更重要的岗位上去，这时他们存在很大概率会把微腐败行为放大为触犯刑法的犯罪行为。据对贪腐案件的统计，"绝大多数腐败官员在早期的仕途发展中比较顺利"。① 在基层时的微腐败经历给贪官提供了变现权力的经验积累，并且由于微腐败未发生风险，故而增强了贪官权力寻租的侥幸心理。就人性而言趋利避害是最基本的理性选择，长期微腐败会使得贪官形成"权力寻租是有利无害的"这样的错误判断，并将之带到更高职位上去。这时，政商关系会在更严重程度上受到侵蚀，且其带来的危害将溢出政商关系范畴，带来显著的经济社会甚至政治生态后果。

二是微腐败破坏政商关系中的社会基层政治文化生态。微腐败在一个地方如果长期存在，成为习见现象，则人们就会视之为正常，而遵循政商亲清良好关系的人反而被视为另类，这就会造成基层政治文化生态中价值观、是非观的扭曲。价值观是非观的扭曲会破坏健康的羞耻心、廉耻心，不仅对政商关系有负面影响，而且对广泛的国家与社会治理都有潜在的负面影响。

二、涉企微腐败的基层文化因素

涉企微腐败的产生，最终都是微权力主体与企业经营管理者双方合意的结果。微权力主体与企业经营管理者达成微腐败合意，当然内因在于人性的贪求。人性的自利理性外化为不当行为选择，则是由各种环境要素综合作用的结果。在各种环境要素之中，文化因素不能不说是一个重要的原因。

---

① 孙卓华、李强楠.行政心理视域下的官员腐败研究［J］.行政论坛，2016（2）：32-37.

第6章 加强治理文化建设服务新时代国家治理

（一）官本位落后思想作祟

官本位思想是一种落后的政治文化，官员一旦受这种文化影响，就不会把为人民服务、清正廉洁等现代政治伦理价值观放在心上，而是以谋求权力和获得更多更大权力为目标，并可能把手中的权力变现为经济利益，损害群众、集体乃至国家的利益。涉企微腐败的发生，与一些基层微权力主体具有落后的官本位思想有一定关系。而这种官本位思想在有些地方的涉企管理中，因为以下两个原因得以转化为微腐败。

一方面是微权力主体具有事实上很宽松的自由裁量权。虽然是微权力，但其临场裁量却具有"县官不如现管"的执法后果，这可以说是微权力能够寻租的重要关节。与此同时，一个很重要的事实是，涉企执法检查往往没有具体的、量化的、规范的作业标准，这与交警判别交通事故显然有明确的区别。交警执法时，有明定交规可以依循，有事故双方车辆的痕迹可察，交警执法权的自由裁量幅度已经大幅收窄。而对于企业运行而言，由于社会上有各行各业大量的企业，每家企业的运行状态又关涉大量客观存在，对于企业某一物料形态或某个活动过程，是否符合法律法规和政策的规制要求，以及事情的轻重程度，通常较难作出具体而微的规范。比如环保方面，某企业厂区的某个油管龙头有油污，油污会挥发进空气里，在这种情况下，这个油管龙头是否符合环保标准？这是2019年笔者从某市采访到的一个真实案例。类似的情形政府规制是不可能一一予以列举的。这就给微权力主体留下了很宽松的自由裁量权。之所以说宽松，还在于微权力主体对企业某种状态可以视而不见，也可以认为相当严重必须整改。关键在于微权力可以在认真执法的形式下完成上述自由裁量，这为微权力发生腐败提供了易操作的机会。

另一方面，微权力主体在执法检查过程中缺少社会监督。公共权力接受的社会监督是逐级递减的。上级权力的行使影响面广，因而其决策过程规范性强，公开性好，比如国务院常务会议，中央媒体通常都要进行公开报道；上级领导干部到地方视察检查工作，都有各相关方面参与，有关新闻媒体都随行采访。而基层微权力的涉企执法检查属于基层工作人员的常规履职行为，针对特定企业进行，通常都是基层工作人员与受检企业双方在场施行，影响面相对较小。由于这种检查是对既定政府政策的末端执行，因而并无显著新闻价值，新闻媒介对此关注不多。这使得微权力行使过程中的权力主体和受检企业由于缺少社会监督而获得了便利的微腐败合意机会。

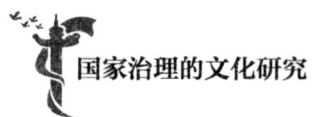

（二）企业遵循"民不与官斗"的传统箴言

我国传统文化中长久以来存在着"民不与官斗"的观念，①这同时也是我国古代社会工商业者遵循的一条不成文的潜规则，在今天我国的基层社会，这一潜规则在一些地方的企业经营管理者那里仍然有一定的影响。企业作为被执法检查的一方，在"民不与官斗"意识作用下，对于来自微权力主体的微腐败行为，缺乏申诉动力，而更倾向于配合合作。一旦企业一方对于微腐败的配合倾向得到微权力主体的认知、确认，则基层执法者遂行微腐败行为所面临的风险会大为降低，这会对一些意志不坚定的基层执法者走向微腐败产生明显的诱发作用。"民不与官斗"是传统社会形成的官民、官商之间的关系模式。由于传统文化的强大韧性特别是在基层社会传统文化影响尤著，这一关系模式在一些地方微权力与企业关系中仍不时产生其负面作用。

三、从思想文化观念入手破除涉企微腐败

对微腐败问题理应予以重视。治理微腐败，有利于进一步优化地方营商和创业环境、有利于落实政府涉企规制、有利于优化基层治理生态。而从思想文化观念入手，是破除涉企微腐败的重要途径之一。

（一）建设高素质现代化的基层执法人员队伍

基层执法人员作为微权力主体，其道德品行、职业操守、法治意识等与微腐败有着直接的相关关系。涉企微权力的廉洁运行，需要建设一支高素质现代化的基层公务员队伍，"中国国家治理能力现代化要更多地体现在公务员群体，尤其是直接与公众打交道的基层公务员群体的现代化上"。②基层执法人员的高素质和现代化的核心在于真正将坚持党的领导、法治意识和以人民为中心统一起来，以之塑造自己的职业操守，约束自己的用权过程，处理自己与被管理者的关系。建设高素质现代化基层执法人员队伍，离不开党管干部原则。要在基层公务员队伍中深入开展党的教育活动，要深入推进不忘初心、牢记使命教育，全面提升基层执法人员全心全意为人民服务的意识。要用思想建设引领基层公务员队伍的高素质现代化建设，把发挥党员先锋模范带头作用作为扶正祛邪、改进作风的重要抓手。在这项工作中，要敢于把问题摆出来，把微腐败的

---

① 马怀德、孔祥稳.改革开放四十年行政诉讼的成就与展望［J］.中外法学，2018（5）：1141-1162.
② 薛澜、张帆、武沐瑶.国家治理体系与治理能力研究：回顾与前瞻［J］.公共管理学报，2015（3）：1-12.

案例作为生动反面教材公开出来,把地方政府对微腐败不容忍的决心和举措传达到每一位基层执法人员,基层工作人员要抱着有则改之无则加勉的态度,不断提升自身的综合素质和现代化管理水准。

(二)发挥行业协会商会的参与治理作用,培育优秀行业文化

在我国,行业协会和商会等是在党和政府的领导下,由相关企业自我组织、自我管理、自我服务的社会组织。在涉企规制、市场监管等领域,政府采取合作治理的理念,有效发挥行业协会商会参与治理的作用,对于提高治理效能、防治微权力腐败都很有帮助。

其一,行业协会和商会可以培育企业守法意识。行业协会和商会可以集中精力研究政府涉企规制,制定行业规范和行业标准,推进行业自律,并组织和倡导会员企业严格按照政府要求组织生产经营活动。企业按照行业统一的规范实现合规性,既达到了政府执法检查所追求的政策目的,又使得微权力主体宽松的自由裁量权得以收窄,有利于防治微权力寻租。

其二,行业协会和商会可以破解企业"民不与官斗"意识。行业协会和商会可以担当会员企业的维权者、基层执法人员工作作风的监督者以及企业和政府沟通的桥梁。单个的企业,面对微权力寻租,可能由于各种顾虑,在"民不与官斗"意识下,最终选择配合微腐败行为。由行业协会和商会出面向有关政府机构就改进涉企执法工作提出建议和意见,则是一种集体的形式,影响力要比个别企业更大,且避免了单个企业采取行动的后顾之忧。

第四节 重视国家治理体系现代化过程中的人民信任建设

我国国家治理体系是党和政府带领全国人民建设社会主义,实现最广大的人民群众根本利益,不断增强人民群众获得感、幸福感、安全感的国家治理框架。人民群众对国家治理的参与、支持和信任,对于国家治理体系的流畅有效运行十分重要。人民信任问题,关乎群众对党和政府的看法,这种看法塑造政治忠诚度、政治信念等,都属于政治文化和治理文化的范畴。加强人民信任建设可以说也是坚持群众路线的精神文化层面的举措。

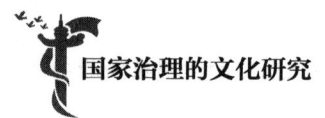

一、人民信任建设是国家治理体系现代化的重要内容

国家治理体系现代化的推进成效如何，归根结底主要有两个衡量标准：一是是否符合人民当家做主的要求，也就是民主标准；二是治理体系是否适应和促进了社会发展，也就是效能标准。国家治理体系现代化愈是推进，愈是向这两条标准靠近，国家治理体系便愈是能够获得人民信任；反过来，人民愈是信任国家治理体系，相信政府及其工作人员，则国家治理体系就拥有良好的社会支持，其施政方针和治理措施便愈能取得令人满意的效果。可见，国家治理体系现代化和人民信任建设是相辅相成、互为促进的关系，因而，重视人民信任建设实为治理体系现代化的重要内容和题中应有之义。

人民信任问题，在我国传统政治文化和治理文化中占有重要地位。孔子曰"民无信不立"，[①]是说没有了人民的信任，政府就很难存在。开创"贞观之治"的盛唐政治家唐太宗李世民就曾经提出"水能载舟亦能覆舟"，这句名言就蕴含着人民的信任对政权存续的重要性问题。由于人民信任对于政权存续和国家治乱关系极大，所以我国古人总结出一条朴素的政治谚语——"得民心者得天下"。

在当代，国家治理体系的人民信任问题更加受到重视。在西方国家的政党政治中，谁能上台成为执政党，关键就在于选民更相信谁，因而，当代西方政治党派都重视公众关系，为了能够当选和巩固执政地位，他们都竭力把自己描述为人民的代言人。民意调查在西方政党政治中成为常用的检测选民信任度的工具，无论是选举前还是组阁后，民调数据都成为政府支持度、满意度和人民信任度的晴雨表。在当代中国，党和政府代表最广大人民群众的根本利益，人民衷心拥护党和政府的领导，充分信赖人民政权治国理政的路线方针政策。同时，党和政府也高度重视社情民意，在干部任用、政策制定施行、经济民生等治国理政各个方面，服务人民、依靠群众，获得了人民的充分信任。

人民信任建设在国家治理体系现代化过程中，提供了重要的价值导向。治理体系现代化涉及诸如理念、规则、机制、行动、方法、技术等诸要素的发展和改革；不同部门、不同地方围绕着具体公共事务治理可能有这样或那样鲜活的实践探索。在治理体系现代化过程中，始终把不负人民信任牢记在心，努力促进人民利益，这样的治理体系现代化才是方向正确的现代化，才具有价值。

---

① 《论语·颜渊篇》。

因而，人民信任理当成为衡量国家治理体系现代化的一把标尺，一个评判维度。因此，可以说，信任建设在治理体系现代化建设中是居于价值导向地位的较高的一个层次。

任何政党、政权和国家治理体系，都不能忽视人民信任问题。人民信任既是一个宏观的整体概念，又是由具体的事情、具体的个体及群体等所形成的政府评价累积起来的。人民对政府的支持和拥护并不是一成不变的，甚至同一届内阁，都有可能因为施政效果不佳或某些突发性事件应对不当，使得人民由拥护变为反对、由信任变为失望。长期执政的政党和政府，更要警惕把人民的信任和拥护视为当然而忽视人民信任建设问题。

二、当前我国治理体系的人民信任的特点与问题分析

党和政府治国理政的地位、责任和权力，是在我国长期革命、建设和改革过程中形成的，是历史的选择，人民的选择。党和政府从宗旨上和根本上代表、捍卫和促进人民的利益，人民也从根本上信任、拥护、支持党和政府的领导，这是我国国家治理体系的人民信任问题的基本面。实事求是地讲，人民对党和政府的信心与信任，无论是改革开放前还是改革开放后以至当下，并没有根本性变化。但我们也要看到，在经济建设进入新常态的形势下，随着信息时代的来临而催生的思想领域的多元化，以及在复杂的国际竞争关系条件下，我国国家治理体系客观上面临着一些问题。分析当前人民对党和政府的信任的特点和问题，对于我们走正路不走邪路，增强道路自信，推进国家治理体系现代化，是有裨益的。

（一）整体信任、个体存疑

从中国共产党1921年建立起，党带领人民革命和建设已经百年，应该说，这百年历史就是党和人民同甘共苦，为人民谋解放谋利益谋幸福的历史。新中国成立以后和改革开放以来，在党和政府的领导下，我国工业化和现代化建设给人民的生存条件和生活水平带来了切切实实的显著改善和大幅提升。"立党为公，执政为民"，党和政府这一治国理政的整体体系的品质，在上述客观事实基础上，已经深入人心，被广大人民所信赖，这就是人民对当下我国国家治理体系的整体信任。

但从党员干部个体的角度来看，人民的信任就有了差别。由于部分公职人员以权谋私、贪污腐败等行为以及相关负面新闻在信息时代被迅速广泛传播的

综合影响，社会公众对官员个体的评价较之以往趋向于负面，这成为我们当下的真实政治生态。人民群众对党员干部个体层面的不信任，如果任其发展，不在治理体系整体上有所设计、有所行动，必然会影响到人民群众对党和政府的整体信任度。但从另外一个角度来看，这种情况也不完全是坏事，只要我们国家治理体系能够对违法乱纪的官员个体进行有效惩治，那就说明我们的治国理政体系整体上是健康的、富有成效的、值得人民信赖的，反腐败和加强对党员干部的党纪国法约束，对增强人民对国家治理体系的信心有很大的正面意义，事实上，对干部的监督管理本身就是治国理政体系的有机构成部分，把官员个体假定为自利性的人，在此基础上设计监督约束机制，是现代国家治理中的普遍现象。

（二）上位信任、下位存疑

在我国国家治理体系构成中，从中央到地方党和政府划分为不同的层级，不同层级又包含若干工作部门；不同层级和部门由一定数量的人员及其职位构成。人民群众对于不同层级的机构和干部，总体上越往上级信任度越高，越往下级则信任度逐级递减，地方及基层政府等"执行性政府的信任度仍存在强化空间"。[①]一个感性的例子是现实中大家都知道的上访现象，个别群众在基层的利益没能得到满意的保障，便由乡镇街道而至于县区、由县区而至于地市、由地市而至于省级政府，甚至上访到中央工作部门。上访现象可以有三个基本解读：一是群众对我们国家治理体系总体上是信赖的，否则就不会一直向这个体系寻求帮助；二是群众相信上级会依法办事，为其主持公道，所以逐级上访；三是"层级节制"仍然是我国国家治理体系最有效率的权力监督机制，什么管用人们就依靠什么。

对"上位信任、下位存疑"这一现象应客观分析。

首先，这并不意味着基层官员就一定水平低或职业操守有问题，因为基层更直接而具体地面对各方当事人的利益矛盾，有时即使本着公正的态度处理利益矛盾，得到的结果仍然可能是引起一方或各方不完全满意。

其次，我国社会结构及人际关系的特点，用知名社会学家费孝通先生的概括，是"差序格局"。[②]在这种格局中，血缘、婚姻、地缘等因素对人际关系

---

① 孟天广.转型期的中国政治信任：实证测量与全貌概览[J].华中师范大学学报（人文社会科学版），2014（3）：1-10.

② 费孝通.乡土中国[M].北京：北京大学出版社，2012：37-48.

亲疏远近及行为主体的价值取向有显著影响，这样一来，一方面基层官员可能在所在地有广泛的亲族等社会关系，在处理群众利益矛盾时可能会受"差序格局"影响；另一方面即使没有受其影响，但当事群众仍可能假定如此。这可能使得群众认为在上级那儿，由于离基层远一些，上级官员可能更容易秉持客观公正立场来解决问题。

最后，对"上位信任、下位存疑"这一现象，既要看到人民群众对我们治国理政体系整体上的信任，但更要看到里面隐含的问题。因为按照一般行政管理原则，应避免越级管理，特别是上访类的个案，由于不带有全局性和普遍性，往往还要递还地方、基层来处理，有时群众的具体矛盾并不能在这个过程中得到有效化解，这无疑会激化出社会戾气。

（三）年龄群体，信任有别

我国公民年满18周岁即为成年，拥有选举权和被选举权。18周岁以上的年龄群体，以40周岁为界可以总体上划分为青年群体和中老年群体，这两个大的年龄群体对国家治理体系的信任有所差别。相对而言，当前我国中老年群体对国家治理体系总体上信任度更大一些，而年轻群体总体上对国家治理体系信任度要低一些，"青年群体总体上比中老年群体的政治信任水平更低"。[①]之所以如此，主要原因有三：

一是青年群体与信息时代结合更为紧密，网络利用率更高，而网络舆论环境的特点是，负面新闻比正面新闻传播要广泛得多，青年群体不可避免会受到影响，特别是诸如官员行为不当、群体性事件等的不时传播，会对青年群体对国家治理体系的信任度造成不良影响。

二是青年群体较中老年群体一般而言思维更活跃，更富于叛逆精神，特别是在经济新常态下，部分青年群体就业等生活压力增大，也会导致对现实不满。

三是不可忽视的复杂国际政治斗争在意识形态或社会舆论领域，对青年群体产生煽惑效应。从世界范围来看，西方国家对发展中国家进行抽象的"普世价值"营销，并有针对性地挑起社会群体特别是青年群体对政府不信任，进而引发政治失稳，已经在不止一个发展中国家或地区奏效。

---

① 张文宏、马丹.社会经济地位、民主观念与政治信任[J].江苏行政学院学报，2015（1）：52-62.

（四）信任之本，与时俱进

我国国家治理体系，是在党带领人民谋解放、党和政府领导人民谋发展的过程中形成的，我国的国家治理权力结构，是历史的选择，人民的选择。我国国家治理体系之所以整体上在人民群众中享有充分的信赖和威望，一个重要的信任本源在于近代史证明只有中国共产党的道路，能够实现我国国家独立、人民解放，这种历史合法性在当前我国仍然有着深刻影响。

但历史传统形成的对国家治理体系的信任之本，因为三个原因，其作用正在一定程度上淡化：一是当前我国正在经历世代更替，即1980年之后出生的人逐渐成为社会中坚群体，新生年龄群体对国家治理体系的历史本源没有深刻的经验认知；二是新常态下诸多发展问题成为群众的迫切需求，需求的满足程度成为评价国家治理体系的首要标准；三是社会上有少数人脱离特定的历史条件和具体环境去看问题，刻意从负面去渲染特殊历史时期的事项，甚至有人极其错误地否定董存瑞、黄继光等战斗英雄，这些不正确的言论虽然不会被广泛认可，但仍然于人民对我国国家治理体系的信任度有一定影响。事实上，历史的选择和人民的选择，这二者是统一的，因为人民群众是历史的创造者，历史的选择本质上是人民过去的选择；历史的选择沉淀下来之后，又可以启迪人民在现在以及未来的选择。我们党和政府在革命和建设历程中带领全国人民已经取得了伟大成就，但我们党和政府并不会躺在过去的功劳簿上来行使执政权力的，而是与时俱进，在不断为人民谋幸福、为国家谋发展、为民族谋复兴的过程中，与广大人民同呼吸共命运，在历史成绩的基础上，不断继往开来，有效制定符合实践发展和时代要求的路线方针政策，不断促进现代化进程和人民福祉，从而成为广大人民衷心信赖和真心拥护的社会主义事业的领导力量。

三、在治理体系现代化过程中推进人民信任建设的几点思考

在治理体系现代化过程中，推进人民信任建设事关重大。

首先，这关系到国家的长治久安、社会的稳定和谐。只要我们获得人民的真心拥护，就能从根本上实现安定团结，就为党和政府治国理政全面推进现代化建设提供了政治保障。

其次，人民信任是道路自信的基础，"桃李不言，下自成蹊"，人民信任谁、跟谁走，是道路是否正确的核心标准之一。只要人民充分信任我国国家治理体系，信任党和政府治国理政的宗旨和路线方针政策，我们就在当今世界的

第6章 加强治理文化建设服务新时代国家治理

道路竞争中,具有了胜利之本,就能够克服前进道路上这样那样的困难,就能够立于不败之地。

最后,人民信任建设和民主建设是相辅相成的,是促进社会主义民主发展的一个方法。各级党委和政府在治理国家和地方时,越是发扬民主,做到倾听民意、接受监督、鼓励参与、政策透明、为民惠民,人民群众也就越相信我们。人民群众越相信我们,我们就越能够从群众中来,到群众中去,听到群众真心的意见,解决群众关切的问题,从而有利于发扬民主。

在治理体系现代化过程中,推进人民信任建设,可以从以下三个方面来进行。

(一)通过加强教育和机制创新,切实改进工作作风

人民信任建设,在一定意义上,是一个群体心理的问题,精神层面的东西看似不好着力,但实际上每一个党员和干部的一言一行都关乎人民信任。当前在我国国家治理体系现代化过程中,推进人民信任建设,首要的一条就是改进我们的工作作风,切实摒除官僚主义的不良风气。一段时间以来,所谓"门难进、脸难看、事难办"的现象,就使得办事群众对部分国家工作人员在心理在情感上产生了隔阂。破除这一现象,一是加强党性教育和政风教育;二是不妨借鉴工商企业的做法建立顾客满意度反馈机制。许多优质企业在售后都会设法让消费者评价员工服务态度和质量,政府部门特别是直接面对办事群众的窗口部位,可以由党的纪委设立服务监督卡箱,群众办完事可以方便地反映自己的满意或不满意。类似的技术、方法、机制上的创新,可以有很多,真正抓好这件事,会带来人民对党员干部很好的社会风评。但这里也要注意避免一个不好的倾向,即干部在工作中因为害怕惹事而不能公正处理问题,甚至让好人吃亏,老实人受气,比如有的地方在发放农村困难群众生活补助的时候,少数不困难的人反而享受着补助,有些村民公认的困难户反而享受不到补助,这就会让群众觉得我们的工作软弱涣散,不能主持公道,不能扶正驱邪,人民群众心里就会不满,也影响群众对我们治国理政水平的信任。

(二)从革命和建设的历程中汲取有益经验,亲民惠民,从严治吏

人民信任建设不是现在才有的课题,任何对人民负责、对历史负责、对民族前途和命运负责的政党和政府,都不会不关心这个问题。我们当前在国家治理体系现代化中推进人民信任建设,可以也应该从党领导人民谋解放和中华人民共和国成立后党和政府带领人民建设社会主义的探索历程中汲取有益经验。

革命年代和中华人民共和国成立后社会主义建设的探索时期，人民群众相信党的道路，信任党和政府的路线方针政策，尽管经历了各种艰难险阻，但仍然取得了举世瞩目的成就。从人民信任的角度看，主要是党和政府做到了以下三条，赢得了群众的真心拥护。

一是党员干部和群众没有距离，对人民热忱，一身正气，扶助弱势，主持公正，敢于与不正之风作斗争，勇于担当，不像旧社会的官老爷们那样高高在上，对人民颐指气使，媚上欺下。这是对人民的感情问题、态度问题，说到底，是群众路线问题。

二是党的路线方针政策切切实实地给群众带来了实际利益。正所谓"安民则惠，黎民怀之"。① 中华人民共和国成立后的土地改革和工商业社会主义改造，给广大无地少地的农民分配了土地这一农业最重要的生产资料，给工人以企业主人翁地位，人民衷心拥护；治理淮河兴修水利等大型工程，免除人民水患之苦，提高农业灌溉水平，群众衷心拥护；推行赤脚医生制度、五保户制度等一系列社会保障措施，在当时条件艰苦的历史时代极大地改善了农村群众的卫生保健水平，提升了孤苦无依人员的生活保障力度，人民群众记在心中，说到底，这就是全心全意为人民服务。

三是党员干部不谋求不当的个人利益，如果有违法乱纪的党员干部，严惩不贷。中华人民共和国成立之初刘青山张子善案件的处理，一下子就把"坐了江山"的新中国党员干部跟旧社会官僚区别开来，令人民信服。

不同时代不同历史发展阶段有其不同的具体特征，人民群众的利益也会有不同的体现和实现形式，但取得人民信任则有其共通之处，这是我们汲取过去革命和建设经验的方法论。过去历程中获得人民衷心拥护的三条经验，值得我们今天在国家治理体系建设中认真借鉴，创新应用。

（三）从我国传统政治文化中吸收灵感，实现善治

人民信任问题与一个国家的传统文化和政治文化有内在联系。在当前国家治理体系现代化过程中，加强人民信任建设，可以也应该从我国传统政治文化中吸收灵感。

儒家讲求的"仁政"，道家讲求的"无为而治"，墨家讲求的"节用""非乐"，都在不同角度对人民信任建设有裨益之处。"仁政"，仁者爱人，即为政

---

① 《尚书·皋陶谟》。

者要有爱人民之心，有惠人民之能，做助人民之事，这样为政者自然能得到人民的信任和拥护。"无为而治"，并不是要求为政者什么都不做，而是要求有所为有所不为。就今天而言，凡是市场和群众能自己处理好的事项，政府可以放权给市场和群众，例如近年来国家推行的下放部分行政审批权、精简种类繁多的各种职业资格证书并取消一些不必要的，这就与道家"无为而治"的精髓相通，这样做，减轻了群众申请相应审批事项或考取职业资格证书等的负担，得到群众的衷心拥护。墨家的"节用""非乐"，实际上就是崇尚爱惜民力、为政以俭，对今天国家治理来讲，并不是简单地说政府要少花钱，而是政府自身的用度要节制，把钱用在与民兴利的领域中。近年来党和政府推行的"中央八项规定""两学一做"、巡视制度等举措，对于制止公款消费、铺张浪费等起到了十分明显的作用，群众也衷心拥护。事实上借鉴传统治国智慧，对于今天提升国家治理水平和实现善治有重要的参考价值。

第五节　继承和发扬优秀的孝道文化服务于以德治国

孝道、孝文化源远流长，对我国古今家庭、社会及国家治理影响深远。孝道被孔子指认为治理国家的"要道"，即"先王有至德要道，以顺天下"。①从制度的角度，可以把孝道看作是一种无形的规则、习俗，它对特定场景中相应角色之间的权利、义务、责任等做了约束。即使在今天的中国，在涉及代际关系时，孝道仍然具有评判和调节功能，而屡有发生的被舆论视为趣闻的因为让不让座而在老人与年轻人间发生冲突的事例，则突显了孝道的功能在现代社会的文化张力。现在人们通常把孝道认知为子女赡养父母，但孝道不仅于此，而是由代际关系场域延伸到社会和国家治理场域，特别是官员行为规范场景。无形的道德文化习俗虽然说是一种软约束，但它影响的是人内心的取舍标准和价值观念，从而塑造着人的外部行为，因之对于法律这种外部行为约束的效能具有内在影响，"我国今天的国家治理体系，是在我国历史传承、文化传统……的基础上长期发展、内生性演化的结果"，优秀传统文化"可以为治国

---

① 《孝经·开宗明义章》。

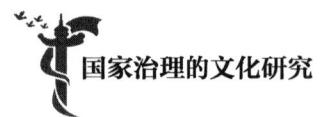

理政提供有益启示"。① 因之,分析和发扬孝道文化的有益作用,挖掘孝道文化的治理价值,有利于建设和谐家庭、有益于推进道德文化建设,也能够进一步丰富社会和国家治理的思想道德和文化资源。

一、孝道的起源及其在古代国家与社会治理中的作用

众所周知,我国有着悠久而丰富的传统文化,被称为四大文明古国之一。而且我国社会是人类文明中"唯一延续至今的社会",② 其坚韧而历久弥新的生命力来自哪里,应该讲,我们传统的文化,是一个很有力的解释,"包括儒家思想在内的中国传统思想文化中的优秀成分,对中华文明形成并延续发展几千年而从未中断……发挥了十分重要的作用"。③ 而孝道作为我们传统文化中影响深远的构成部分,在传统文化中占有极为重要的地位。事实上,关于孝的道理,不仅形成了单独的经典《孝经》,而且孝的理念、规范、礼仪等也散见于《论语》《礼记》《孔子家语》《孟子》等儒家经典之中。

孔子说为政"以德以法",④ 德治是我国传统的国家与社会治理的重要方式,即用一系列儒家所提倡的道德规范调节士庶的思想和行为,而"夫孝,德之本也,教之所由生也",⑤ 可见,孝被看做是一切德行的根本,教育、教化是从孝生发出来的,是从孝开始、开端的,即曾参所言"众之本教曰孝"。⑥ 由孝生发出教化的体系,即古人所谓"五教",即教父以义、教母以慈、教兄以友、教弟以恭、教子以孝。这就是说,对于父、母、兄、弟、子,这些不同的角色,通过孝,来使得大家各自遵行其应当遵行的社会规范,从而也就使得人们相处更加和谐。由之,实现理顺人心,规范社会秩序,并进而由家及国,塑造政治规范。

儒家是如此重视孝道,在古代甚至形成了"百善孝为先"的通俗劝善语,孝道也的确发挥了重要的国家和社会秩序调节与治理的历史作用。那么孝文化在我国是如何产生的呢?儒家是这样解释孝道来源的,首先是"先王有至德要

---

① 中共中央宣传部.习近平总书记系列重要讲话读本[M].北京:学习出版社、人民出版社,2016:75、202.
② 阿诺德·汤因比.历史研究:上卷[M].上海:上海人民出版社,2016:23.
③ 中共中央宣传部.习近平总书记系列重要讲话读本[M].北京:学习出版社、人民出版社,2016:201-202.
④ 《孔子家语·执辔》。
⑤ 《孝经·开宗明义章》。
⑥ 《礼记·祭义》。

第6章 加强治理文化建设服务新时代国家治理

道,以顺天下,民用和睦,上下无怨"。① 这句话的意思就是说孝是先王非常宝贵的一种品德和治理天下的方法,先王以自身的孝垂范天下,士庶慕先王之德而欣然向化,亲爱和睦,从而理顺天下不同角色、不同人群之间的关系,使大家各司其职、各得其所、和谐共处,人民和睦相安、幸福快乐,从而达到对天下的治理。如帝舜"孝友闻于四方,陶渔事亲"。② 这就是说,儒家认为孝道首先来源于先王。

其次,先王还不是孝道的终极来源,因为"夫孝,天之经也,地之义也,民之行也"。③ 也就是说,孝,是天经地义的。孝道就像天地运行那样是自然而然的事情。《孝经》中对孝道的这一定位,是非常高的,同时也把孝道的产生归向了天地,赋予了孝道以神圣性,因为在我国古代传统文化中,天地并不是简单的物理存在,而是最高的道德、合法性、权威性等本身,或者说天地就是某种意义上最高的主宰。正因为此,所以老百姓、人民就应该遵行孝这样的一个道德要求。所以说,在儒家看来,先王的孝是法于自然,法于天地,从天地运行中感化出来的、衍生出来的。

当然,孝道、孝文化作为一种道德意识,属于主观意识范畴;同时孝文化作为传统社会具有社会规则性质的体系,其属于上层建筑范畴。在辩证唯物主义看来,社会存在决定社会意识,经济基础决定上层建筑,孝道、孝文化无疑是产生于人们的家庭生活和社会生产生活及其形成的社会关系。逻辑上,世界各民族都当有最基本的子女赡养年老的父母的义务,然在此基础上构建了完整的孝文化并产生深刻历史影响的,则唯有中华民族。

孝道在我国古代产生了非常积极的作用,是中华民族成为唯一一个延续至今的社会的重要文化原因。从国家与社会治理角度,具体而言:

(1) 孝道在古代提供了一套有相当约束力的基本养老保障规则,构建了家庭、宗族及国家"三圈化"养老保障网,④ 使得在生产力并不十分发达的古代社会,老年人实现了可预期的老有所养,这对于社会稳定具有显著的作用。

(2) 与养老保障制度相联系,孝道有利于人们对子女教育的高度重视。父母重视教育培养子女,首要的原因是父母对子女的爱,但孝道也是一个促进因

---

① 《孝经·开宗明义章》。
② 《孔子家语·五帝德》。
③ 《孝经·三才章》。
④ 毕云天.论"孝"与中国传统养老保障网的构建[J].山东社会科学,2017(5):32-38.

素。因为父母预期将来要靠儿女赡养,所以也会尽力加强对子女的教育,一方面要教育子女知礼守法,将来好自觉遵行孝道赡养父母;另一方面子女教育文化水平提高了,便可能获得更好的发展,从而在物质上也更有能力赡养父母。毫无疑问,这无疑会使得整个社会的人力资源的素质得到提高,进而促进社会的发展。

(3)以孝道为基础演化出来的道德教化在古代成为协调和规范人和人之间关系的重要因素,在国家和社会治理场域形成一种礼节、礼仪、规则、法度,大家遵循这些规范,就能够和谐共处。在孝道基础上形成的父义、母慈、兄友、弟恭、子孝等完整规范,实际上使得各种社会角色之间达成了一种互爱闭环,促进和谐,导向形成集体合力,进而也就能够增强人类社会在生产力并不发达的古代的生存和延续的力量。因此,我国的孝道,我国的传统文化,是中华文明展现出强韧的生命力,穿透历史、延续至今的非常重要的因素。所以孔子说"国家必先以孝。"[1]

(4)孝道在我国古代发挥了调节官员行为的作用。我国古代经常把忠臣孝子这两个词连用,认为能做忠臣的,必然也是孝子,能做孝子的,必然也能做忠臣。即孔子所说"君子之事亲孝,故忠可移于君"。[2]可见,孝与忠是有密切联系的。在古代人们将忠臣孝子并用,就是看到了孝道对于调节官员行为和提升官员品质的价值。孝道对国家公职人员的行为提出了十分具体的要求。孔子说:"事亲者,居上不骄,为下不乱,在丑不争。"[3]即是说,担任公职的人,位高权重,也不能骄奢淫逸,枉法滥权;作为下级,则不能阳奉阴违,扰乱政令的施行;在同事之间,则不能争权夺利,尔虞我诈。这些孝道行为准则,在古代起到了调节官员行为的作用。如果官员不能做到以上三点要求,就可能轻则身心受损,重则身败名裂,以致无法尽孝父母,甚至令父母蒙羞。这样的人,就属于不忠不孝。除了通过一系列孝道行为准则来教化官员并调节其行为之外,古代在治理国家和管理官员队伍的时候,还制定了提倡孝道的制度,通过这些制度的运行,提升了官员品质。比如汉代有一种选拔官员的制度叫做"举孝廉",就是把孝顺父母作为担任国家重要公职的先决条件,实行一票否决制。又比如自汉代一直到明清,在官员中实行丁忧制度,即要求在外为官的

---

[1] 《孔子家语·始诛》。
[2] 《孝经·广扬名章》。
[3] 《孝经·纪孝行章》。

第6章 加强治理文化建设服务新时代国家治理

人,如果远在故乡的父母去世,就要辞去官职回故乡为去世的父母尽孝服丧。古代通过这些制度,强化了官员的孝行,激励其忠君爱民,从而提升了官员队伍的品质。

二、孝道的环节及其现实治理价值

孝道、孝文化博大精深,是一个体系。对其全貌进行完整认识对于深入分析孝道的治理价值是很有必要的。从其构成和内容来看,孝道是由不同的环节和要素构成的。就环节而言,可以分为三个大的过程。

首先是孝道的开始环节,就是说按照孝道,人们在最初要做什么。对于这个问题,孔子明确讲到"身体发肤,受之父母,不敢毁伤,孝之始也",[①]这就是说,实行孝道,遵守孝的规范,必须从爱惜自己的身体做起。不敢毁伤身体发肤,可以从两个大的方面来理解:一方面是自己不能伤残自己的生理肌体。当然,正常心智健全的人出于痛觉一般不会自我伤害,因此,对于自己生理肌体的保全,主要是要求人们不要身临险境,即"不登高,不临深",[②]不以身犯险,从而保护自己的生命和身体安全。其实这方面对现代社会青少年健康茁壮成长很有教育意义。君不见,当前社会在部分青少年中出现了文身现象,这当然是现代社会个体自由选择的权利,别人无权干预,但其实这已经与传统孝道有了抵牾;而现今每年青少年游泳溺水,甚至年少轻生事件也偶有所闻。对这些问题,通过提倡孝道,予以矫治和预防,在今天仍然富有意义。另一方面,不敢毁伤身体发肤,也含有个体作为社会的一分子要遵纪守法的意思。否则,如果恣意而为作奸犯科,违法犯罪,就可能受到政府的刑罚惩戒,从而使得身体发肤受到毁伤。因为在古代,对犯法者的惩戒是非常残酷的。古代所谓五刑,分别是指墨、劓、刖、宫、大辟,都是对人肉体乃至生命的摧残,如果个体不遵守法纪,受了刑罚,则自理尚且困难,何谈尽孝。所以遵守孝道,就需要人们遵纪守法,这是孝道初始环节的重要含义。当下在青少年教育中,遵纪守法免受刑案之累,实际上很有必要性,我们听到的所谓校园霸凌问题,就在于极少数懵懂少年无法无畏,无人伦责任意识,所以才行为失范。

其次是孝道的终结环节,也是孝道的最高标准,孔子曰"立身行道,扬名

[①]《孝经·开宗明义章》。
[②]《礼记·曲礼上》。

于后世,以显父母,孝之终也"。① 这一标准的含义是指为人子者,做到品行端正,致力于符合道的事业,实现人生价值,为人民谋福祉,被社会甚至被历史所承认褒扬,从而使得养育自己的父母因为教子有方、父义母慈而被人们称颂。孔子弟子曾参对"孝之终也"做了两方面的阐发:一是"君子之所谓孝也者,国人称愿然,曰:'幸哉有子如此'"。② 曾参的这句话形象地点明了"以显父母"的情形。二是"父母即没,慎行其身,不遗父母恶名,可谓能终矣"。③ 曾参的这一阐发,实际上把孝的规范、孝的责任,延伸到了人的一生之中,不管父母健在还是过世,对父母的孝道责任是永续存在的。若社会成员皆有此孝道意识,则社会道德水平、官员廉洁勤政水平、社会与国家的治理水平就有了深厚的文化基础。

最后,是孝道的中介环节,即"夫孝,始于事亲,中于事君,终于立身"。④ 这就是说,在身体发肤不敢毁伤基础上,个体从侍奉父母始,到最终立身行道以显父母之间,是通过侍奉君主作为途径和中介环节的,所谓扬名于后世,主要也是在"中于事君"过程中,通过个人道德操守、智慧见识和突出事功来实现的。这实际上是古代知识阶层或说士大夫阶层的人生发展的基本路径和崇高追求,这被形象地概括为著名的"修齐治平""三不朽""横渠四句"。"修齐治平"源自儒家四书之一的《大学》一书,即修身、齐家、治国、平天下;"三不朽",则源自《春秋左氏传》一书,即立德、立功、立言,从而名垂丹青,价值不朽;"横渠四句"则是源自北宋大儒张载的《横渠语录》一书,即为天地立心、为生民立命、为往圣继绝学、为万世开太平。上述"中于事君"的路径和追求,实际上给古代士大夫阶层提供了积极忠君爱民建功立业并洁身自爱的强大精神动力和宏大价值指引。这在今天全面从严治党事业中仍富有现实意义,贪腐分子实则同时是丧失信仰的精神堕落者,他们不再有宏远理想信念和价值追求,而是把金钱和权力作为了自身的全部信仰和追求,更可怕的是如果身居要职的人如此精神堕落,就可能污染一个班子、一个地方、一个部门的政治生态和价值标准,所谓窝案的发生、所谓庸官惰政、所谓权力错位等现象,必然伴随着官员价值标准的塌陷和沦丧。用孝道文化助力官员理想信

---

① 《孝经·开宗明义章》。
② 《礼记·祭义》。
③ 《礼记·祭义》。
④ 《孝经·开宗明义章》。

念教育，是一个可资尝试的途径。

三、孝道的要素及其现实治理价值

前文我们探讨了孝道的三个环节，而这些环节又是由具体的内容、具体的要求、具体的要素构成的。这些内容、要求、要素归纳起来，可以分为两大类，即事亲之孝和事国之孝。所谓事亲之孝，就是侍奉双亲父母。而事国之孝，那就是对国家尽忠，由孝转变成忠，即"以孝事君则忠"。①

（一）事亲之孝

事亲之孝，即是对父母的爱。论语中说"孝弟也者，其为仁之本与"，②"唯仁者能好人"，③孟子亦曰"仁者爱人"。④在儒家看来，由孝而仁，由仁而爱人。因之，孝道，亦可说是爱人之道，事亲之孝，即为爱父母之道，"教民亲爱，莫善于孝"。⑤

事亲之孝包含很多方面。第一是敬。尊敬，就是作为子女，要尊敬父母，因为他们是至亲之人。父母抚养子女长大、教育子女成人，子女自当对父母养育之恩心怀感激和尊敬。而且父母自然比子女经历阅历丰富，子女在这个角度也应尊敬父母的意见。儒家认为"不敬其亲而敬他人者，谓之悖礼"。⑥事实上无论古今，有些为人子女者常常不能做到敬，或由于代沟而不理解而生不敬，甚或有不孝之人将年迈父母视作累赘而嫌弃而呼来喝去，这就是孔子所批评的"色难"，⑦即不能和颜悦色地对待父母。

第二是续。续，接续的意思，也就是养育下一代。这在儒家看来是孝亲中极为重要的事情，孔子曰"父母生之，续莫大焉"，⑧到了孟子那里，则"不孝有三，无后为大"。⑨当然，古代的续主要是指生养一个男性子嗣，在现代社会，实际上我们已经男女平等，生男孩或女孩，都完成了事亲之孝中的续。同时，事亲之孝中的续，不仅仅是指生育子嗣，而且要努力给孩子提供良好的生

---

① 《孝经·士章》。
② 《论语·学而篇》。
③ 《论语·里仁篇》。
④ 《孟子·离娄下》。
⑤ 《孝经·广要道章》。
⑥ 《孝经·圣治章》。
⑦ 《论语·为政篇》。
⑧ 《孝经·圣治章》。
⑨ 《孟子·离娄上》。

活条件，给予他们良好的教育，促进孩子健康快乐地成长。

第三是诤。诤，即谏议规劝的意思。上文我们叙说了对父母的敬，但这并不是说无论是非曲直都要一味顺从的意思，而是假如父母的言行不符合道理和规范，甚至有违法纪，就要及时提出来，匡正过失，这才是真正地爱父母。孔子曰"故当不义，则子不可以不争于父"。① 如果做不到诤，那就属于不孝有三中的"阿意屈从，陷亲不义"。② 同时，要注意的是，即使父母有过失的时候，也要能够通过摆事实讲道理来委婉地、心平气和地进行劝说，而不能疾声厉色，用教训的口吻和父母说话，应该做到"父母有过，谏而不逆"。③

第四是养。养，即赡养，就是说父母年龄大了，儿女要奉养赡养双亲，赡养老人，孔子曰"谨身节用，以养父母"，④ 即子女要勤俭节约，从而保证对父母的赡养。不赡养老人，属于不孝有三中的"家穷亲老，不为禄仕"。⑤ 养在孝道中属于最基本的层面，即"孝有三，大孝尊亲，其次弗辱，其下能养"。⑥ 当然，现代社会随着养老保险制度的健全，可能年老的父母在物质上不需要儿女太多支持，但精神赡养日益重要，事实上在我国《老年人权益保障法》第十三、十四、十八条中明确规定了子女对父母精神赡养的责任。

第五是丧。丧，是指父母年事已高，天年已尽，父母去世了，子女要把父母身后事办好。丧事在古代是一个非常讲究的事情。此时，子女在哭亲、饮食、服饰、言辞、举止等各方面都要按照丧礼要求来做；要准备殓殡物品和入葬之所，"擗踊哭泣，哀以送之"。⑦

第六是祭。祭，即祭祀，就是在父母去世后的日子里，子女还要对去世的父母按时祭祀，追思怀念。在古代，父母去世之后，春夏秋冬，一年中的四个季节都要按时祭祀。在我国一些农村地区，现在仍然保持着这一习俗，即在清明节、农历六月初、农历七月十五、农历十月初一、农历腊月月末都要祭祀去世的父母。在现代城市中，逐渐将祭祀去世的父母这一重要活动主要集中在清明节进行。作为尽孝道的一个环节，祭祀去世的父母的时候，要求儿女要郑重

---

① 《孝经·谏诤章》。
② 《孟子注疏·离娄章句上》。
③ 《礼记·祭义》。
④ 《孝经·庶人章》。
⑤ 《孟子注疏·离娄章句上》。
⑥ 《礼记·祭义》。
⑦ 《孝经·丧亲章》。

第6章 加强治理文化建设服务新时代国家治理

其事,即孔子所说的"祭则致其严",①也就是要庄严肃穆,以此表达对父母的敬重和感恩怀念。在祭祀去世的父母的时候,在可能的情况下,要让自己的孩子们也要参加。在祭祀的前前后后,要对父母在世时的美好品德、父母为家庭甚至为社会和国家所做的贡献等事迹进行回顾,并讲给孩子们听,这样也就能够把父母的美好言行传承下来,从而促进良好的家风不断得到传承和强化。至此,事亲之孝的主要内容便具备了,即"生事爱敬,死事哀戚,生民之本尽矣,死生之义备矣,孝子之事亲终矣"。②

事亲之孝对国家与社会治理很有价值。尽孝父母,看似微观个体的事情,但具有宏观影响,影响到老年群体的生活质量问题,影响到青壮年群体的道德责任意识问题。敬重父母,本质上是对父母养育之恩和丰富人生阅历的承认,这会带来人们感恩意识的提高,并有利于在社会上形成尊老敬老的淳朴风气。生儿育女,接续后代,则既是家庭血脉的延伸,广而言之,则关系到民族的繁衍问题。很多发达国家人口出现负增长,产生许多经济社会甚至政治隐患。"不孝有三,无后为大"的孝文化对于避免人口危机无疑有积极作用。孝道要素中的诤,则对于一些官员家庭尤为重要。历来反腐败中落马的不少官员,其问题很多都是与包括子女在内的家庭成员有牵连。如果作为官员子女,自身拒绝依靠父母辈的权力谋利营私,拒绝做"衙内",而且发现父母辈有贪腐征兆,立即劝诫,这样就会避免贪腐官员身陷囹圄、家人离散的悲剧。而孝道中的赡养,在今天特别是精神赡养,对于提升老年人特别是空巢老人的生活质量尤为重要。至于事亲之孝中的丧祭环节,则是"慎终,追远,民德归厚矣"。③

事亲之孝的社会治理价值还体现在有利于培养和形成良好的家风。家风是由家庭成员的价值取向和行为准则等构成的道德约束体系,家庭是社会的细胞,家风是社会风气的根基。党员干部的家风则影响着党风政风,习近平总书记在十八届中央纪委六次全会上指出"每一位领导干部都要把家风建设摆在重要位置"。事亲之孝的有益内容,无疑是家风建设的重要文化资源之一。

(二)事国之孝

在我国古代社会,存在家国一体同构观念。家庭伦理中的事亲之孝,到了

---

① 《孝经·纪孝行章》。
② 《孝经·丧亲章》。
③ 《论语·学而篇》。

国家结构中，便成为事国之孝。事国之孝在古代先是忠君，并由忠君而至爱民，孔子曰"君子之事亲孝，故忠可移于君""居家理，故治可移于官"。① 作为事国之孝的忠君爱民，其内容侧重于对官员个体的道德约束。孝道本质上是对特定人际关系的规定，事亲之孝调节家庭关系，事国之孝则调节国家组织结构中的相互关系，特别是臣与君、下级与上级的关系。事国之孝主要包含以下方面：

首先是忠敬。忠敬是孝道对于臣对君、下对上的基本要求，即"以孝事君则忠，以敬事长则顺"。② 国家组织结构中的忠敬对应着家庭结构中子女对父母的孝、弟对兄长的悌。忠君敬长的目的在于实现上下一心，勤于政事，实现天下的治理，以至天下臻于郅治的理想境界。同时，如同在家庭中子女不可阿意屈从陷父母于不义，在国家组织结构中作为忠孝之人，则必须敢于和善于做一个谏诤之臣。事国之孝要求，对于上级对于君主对于国家的政策，真正的忠贞之士要敢于善于把那些不合时宜的、不利于社会发展的、违背人民意愿的方面提出来，而不能阿谀奉承、尸位素餐。遇事不谏，那样不叫忠臣，叫佞臣，其结果可能导致民怨沸腾，天下分崩离析，这就严重违背了事国之孝。

其次是律己。事国者，为国家服务的人，掌握着一定的公共权力。事国之孝要求人们要谨慎用权，严于律己，端正品行，而不能骄奢淫逸，违法乱纪。

律己有三方面基本要求：

一要做到"在上不骄"。③ 在上不骄指的是在高位的人不能因权力而骄纵自己。一方面不能以权势地位压人，既不能苛待同僚和下级工作人员，即孔子所说"君使臣以礼"④"为上易事"，⑤ 更不能以权势欺凌人民，作威作福。另一方面不能骄纵自己于法纪和规矩之上，自居于特权地位，而是要自觉依法照章行权办事。做到"在上不骄"，便能够"高而不危"，⑥ 即使身居要职，掌握重要权力，也能避免职业生涯危机和身败名裂。

二要做到"制节谨度"。⑦ 制节谨度就是说要按照规定标准，来取得自己

---

① 《孝经·广扬名章》。
② 《孝经·士章》。
③ 《孝经·诸侯章》。
④ 《论语·八佾篇》。
⑤ 《礼记·缁衣》。
⑥ 《孝经·诸侯章》。
⑦ 《孝经·诸侯章》。

第6章 加强治理文化建设服务新时代国家治理

应得的社会财富，要坚持艰苦朴素的生活作风。如果官员贪图过高的物质享受，没有节度，就会用度紧张，可能就会滋生贪念，萌生贪欲，进而贪污腐化，一发而不可收，终致身败名裂，这就违反了事国之孝。官员坚持"制节谨度"，便能风清气正，洁身自好，从而实现"满而不溢"。① 党和政府在党风廉政建设中狠抓公款吃喝之风，严管党员干部婚丧嫁娶等的规格规模，实际上就是要党员干部做到"制节谨度"。

三要做到"非先王之法服不敢服，非先王之法言不敢言，非先王之德行不敢行"。② 法服、法言，系指符合礼法制度的服装和语言内容及语言方式；德行，系指符合道德规范的行为。这些要求实际上就是在细节方面给事国者定规矩、立规范。这些要求当然在一定程度上令人觉得是在提倡宗述古人、墨守成规；但另一方面，如果我们把先王这个概念替换为党纪国法，那么这些要求又具有其合理的时代价值。实际上，法服可以泛义为官员的职务待遇，我国对于不同的官员享受什么样的公车、多大面积的办公室等都进行了明确规定，这实际上就是要做到让官员非党纪国法规定的待遇不得贪求，而法言则可以转义为不可妄议中央，也不能相互之间吹吹拍拍；而德行则可以对应模范遵守党纪国法，奉公守法，勤政爱民，坚决守住底线、守住规矩，绝不搞党中央批评的团团伙伙、不严不实等。

最后是教化。古代是家国同构，人们把君主和官员看作父母，把人民视作子民，即"恺悌君子，民之父母"③ "故君民者，子以爱之，则民亲之"。④ 在儒家看来，就如父母需教育子女，国家治理者也负有教化民众的责任。儒家认为，国家治理在于德法两端，用法律去惩戒恶行，这是社会秩序的底线保障，但是儒家把道德教化放在刑罚之前，他们认为最好的治理方式是教化民众，"太上以德教民"。⑤ 民众如果经教化而具有了礼义廉耻，能够遵纪守法，则"民知所止，则不犯"。⑥ 如此，则达到"制五刑而不用，所以为至治也"。⑦ 但儒家对于国家治理者如何教化民众，并不主张说教，而强调身教，认为"君

---

① 《孝经·诸侯章》。
② 《孝经·卿、大夫章》。
③ 《诗经·大雅·泂酌》《孝经·广至德章》。
④ 《礼记·缁衣》。
⑤ 《孔子家语·刑政》。
⑥ 《孔子家语·五刑解》。
⑦ 《孔子家语·五刑解》。

上者，民之仪也；有司执政者，民之表也"，① 就是说君主和官员是民众的表率和学习对象。因而君主和百官就要以身作则，从而实现身教。儒家认为"爱敬尽于事亲，而德教加于百姓，刑于四海，盖天子之孝也"，② 就是说天子恭行孝道，便能够使得百姓受到道德教育。正因为人民会效仿国家治理者，因而"上之所好恶，不可不慎也，是民之表也"，③ 官员对自己的好恶与言行，一定要谨慎要合乎道德合乎法度，从而引导社会崇德守法，达到理想的社会治理水平。

事实上，在我国，政府及其官员的一言一行对群众的行为有着很显著的影响。官员个体一旦以权谋私、搞裙带关系、不守社会公德甚至践踏法律，而且还得不到及时惩治的话，则群众既会非议非法官员个体，一部分人又会有机会主义倾向，也想着通过"关系"破坏规矩捞取好处，久而久之，社会道德就会滑坡，国家治理就会出现这样那样的问题。因而，治国首在治吏，吏正然后才能正民。正是官员行为对社会教化关系极大，所以我国历来重视官员群体的培养和约束。我们在党员干部中进行"三严三实""两学一做"等教育，就是要培养党员干部遵纪守法、严实做事的作风。把古代官员的教化责任转化为当下官员引领社会风气的责任，坚持下去，久久为功，则对于党风、政风、民风都将有很大的裨益。

四、孝道的普遍责任和责任对等理念的治理价值

孝道文化博大精深，除了孝道的环节和要素具有的积极价值和作用，孝道文化的普遍责任和责任对等理念在现代国家治理中的作用也要受到高度重视。孔孟等儒家先圣的学说中所具有的普遍责任和责任对等理念，是蕴含在其对一系列社会角色相互关系的论说中的。

孔孟等儒家先圣基于孝而阐述的各种社会角色之间的行为规范，并不是单向的义务，而是成对出现的角色之间双向的对等责任。在家庭里是父母与子女、兄长与弟弟，在国家则是君主与臣僚、上级与下级。孝道中上述核心角色相互之间都有各自的责任内容，儿女对父母要承担孝的责任，父母对子女则要承担抚养与教育的责任；弟弟要对兄长恭敬，但同时兄长对弟弟要友爱；作为臣，要忠于君主，作为君主则要善待、礼待臣属；下级要尊敬上级，但上级

---

① 《孔子家语·入官》。
② 《孝经·天子章》。
③ 《礼记·缁衣》。

第6章 加强治理文化建设服务新时代国家治理

也要爱护下级。孔子所谓"君君、臣臣、父父、子子",①即是说君要像君,臣要像臣,父要像父,子要像子,各自尽到其应承担的责任,即"为人君,止于仁;为人臣,止于敬;为人子,止于孝;为人父,止于慈"。②在君臣关系中,君若严重失去君道,则臣民并没有义务仍然固守忠君之道,这在孔子评价夏桀的话中非常明确:"昔者夏桀,富有四海,忘其圣祖之道,坏其典法……忠士折口,逃罪不言。天下诛桀,而有其国",③在这里,在夏桀与忠士、天下(臣民)的君臣关系中,孔子并没有指责忠士及天下(臣民),而将夏桀身败国灭归咎于其自身失德。在父子关系中,父亲也并没有对子女的绝对权力,孔子评说曾参对待其父曾皙的一个行为时,鲜明地体现了这一点:"曾子耘瓜,误斩其根。曾皙怒,建大杖以击其背。曾子仆地而不知人久之。有顷,乃苏,欣然而起……今参事父,委身以待暴怒,殪而不避……汝非天子之民也,杀天子之民,其罪奚若"。④孔子在这里,显然为父子关系特别是父权做了限定,对于父亲的行为,子女并非需要无区别承受,父子都是"天子之民",在生命权上是同等的。孔子在孝子服丧时长上的言说则更为直接地突显了父子之间责任对等关系,孔子说"子生三年,然后免于父母之怀,夫三年之丧,天下之通丧也"。⑤在孔子的恕道中,则更是一般性地阐述了成对出现的角色之间的责任关系法则,即"有君不能事,有臣而求其使,非恕也;有亲不能孝,有子而求其报,非恕也;有兄不能敬,有弟而求其顺,非恕也",⑥三恕之道同样阐明了臣忠子孝并不是无条件的绝对的,而是与君、父本身的道德责任履行情况相关的,责任是对等的。在先秦儒家的教化之道中,各种角色的责任担当往往是放在一起言说,这实际上就是对各种角色相互责任关系的一种界定,如《孝经》《孔子家语》《论语》等所言的"教""五教""德教",是指父义、母慈、兄友、弟恭、子孝,这是一个各种角色的责任体系的整体,是密切联系而不可分割开来看待的。《礼记·昏义》中则指出"男女有别,而后夫妇有义;夫妇有义,而后父子有亲;父子有亲,而后君臣有正",到了孟子,衍为"父子有亲,

---

① 《论语·颜渊篇》。
② 《大学》。
③ 《孔子家语·贤君》。
④ 《孔子家语·六本》。
⑤ 《论语·阳货篇》。
⑥ 《孔子家语·三恕》。

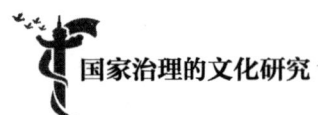

君臣有义,夫妇有别,长幼有叙,朋友有信"。① 亲、义、别、叙、信,这是成对出现的社会角色父子、君臣、夫妇、长幼、朋友之间的相互的责任描述,而不是单向的。这种成对社会角色之间的责任是对等的,是相互的。先秦儒家不仅在家庭伦理和君臣伦理中作出明确的角色责任规范,而且把这些规范推至整个社会,"年长以倍,则父事之;十年以长,则兄事之;五年以长,则肩随之",② 如此,则儒家将社会关系也纳入了其家庭伦理之中,在这里,成对出现的社会角色之间都是相互负有对等责任的,而且这一责任的履行是普遍的,没有人可以只要求对等角色向自己尽责,而不对对方尽责。同时,每一个角色的付出,都有对应角色的责任担当给其带来回报,人们的利他最终也会以益己的方式回到自身,即责任对等,这样儒家孝道伦理下的社会关系便具有了物质上和心理上的可持续性。在这里,每一个社会成员在不同具体环境下具有多种不同社会角色,每一个社会成员都担当着相应的对等责任,因而社会成员普遍处在一个对等责任体系的整体之中。这种普遍责任和对等责任体系的建构,促使社会个体相互之间检视是否尽到了对对方的责任,这种对他人的关心,便导向儒家的"仁"。仁在社会关系场景中得到确立和落实的时候,儒家崇尚的理想的大同社会便到来了,大同社会是"人不独亲其亲,不独子其子,使老有所终,壮有所用,幼有所长,矜寡孤独废疾者,皆有所养"③ 的样态。

如果说,西方近现代政治文明是以个体的自由、平等为重要治理逻辑的话,那么先秦儒家学说的孝道,其重要治理逻辑便是普遍责任与责任对等。这种普遍责任和责任对等概念,是完全适应市场经济运行逻辑的,也是适应现代政治文明逻辑的。应该充分挖掘优秀的孝道文化,从中吸收有益滋养,服务于新时代的国家治理。

第六节 通过倡导树立终身学习理念为国家治理培养高素质领导干部队伍

领导干部,顾名思义,最重要的功能是引领、指导和团结广大干部职工朝

---

① 《孟子·滕文公上》。
② 《礼记·曲礼上》。
③ 《礼记·礼运》。

第6章 加强治理文化建设服务新时代国家治理

着正确的方向完成党和人民赋予的职责使命。领导干部能够出色地履行其引领功能的基础是其所具备的领导素养,包括思想认识水平、知识结构等。现代社会是一个高速发展的社会,终身学习理念已经深入人心。领导干部作为组织中的头部人员、头雁头羊,要保持和提升自己的引领能力,就必须与时俱进不断提升自己的思想认识水平,不断更新自己的知识结构,不断深化对客观事物发展规律的把握。这就需要在领导干部队伍中普遍真正树立终身学习理念。

一、领导干部树立终身学习理念的重要作用

"满招损,谦受益。"领导干部群体真正树立终身学习的理念,抱持虚怀若谷的态度,重视学习,持续学习,就能够不断提升自身的知识水平和文化修养,就能够不断提升自身的人生品位,就能够不断提升自身管理活动的科学性。

其一,终身学习理念对于不断提升领导干部人生品位具有重要作用。根据美国心理学家马斯洛的需要层次理论,人的需要可以划分为五个层次,即生理需要、安全需要、交往与爱的需要、获得尊重的需要以及实现自我价值的需要。这五个需要从层次上而言是逐级递升的,其中实现自我价值的需要居于最高层次。相应的,个体追求的人生目标停留在不同需要层次上,被认为展现出不同的人生品位和境界。人很容易沉溺于较低层次的需要的满足,即孔子所谓"吾未见好德如好色者也"。[①] 贪腐官员往往出现权色交易、权钱交易行为,就在于他们丧失理想信念,追逐低级趣味,未能及时实现人生品位的升级。如何提升人们的人生品位和境界呢?人对自身生理和经济欲望的感知催生自利行为,而学识文化修养则有助于推升人的精神层面的追求,促使人寻求自我价值的实现,促使人追求更高的人生品位和境界。因为人的学识文化修养提升之后,便可能从历史的高度、个体与国家关系的高度,来探寻人生的意义,便可能走向崇高。而学识文化修养则是需要人们不断学习、终身学习,才能持续保持和不断提升的。

其二,终身学习理念对于不断提升领导干部管理活动的科学性具有重要作用。主观认识符合客观实际,是管理活动符合科学性的基础。而管理对象、管理环境等客观因素是不断发展和变化着的。因而,作为管理者的领导干部需要通过不断学习来使得自己的主观认识符合不断发展变化着的客观实际。孔子曰

[①]《论语·子罕篇》。

"学则不固",[①] 意思是说,一个人爱好学习,便会有不断增长的丰富见识,这时候看待问题便不会固执己见,尤其是不会固执过时的观念。如果领导干部不能坚持终身学习理念,仅仅靠过去有限的知识积累来分析问题,做出决策,推动工作,则可能陷入思维的固化状态,犯刻舟求剑的错误。因而,领导干部通过树立终身学习理念,不断提升自己的学识与文化水平,不断更新自己的知识和能力结构,实现与时俱进,是实现管理科学性的重要途径。

其三,终身学习理念有利于不断提升领导干部的常识与文化修养。学识与文化修养是敬畏权力、谨身守正意识的源泉之一。领导干部手中掌握着权力,权力的行使对同事、对事业发展、对人民群众有着很大的影响。如果领导干部学识和修养不够,可能就不是领导干部在使用权力,而是权力在左右领导干部的言行。比如,枉法滥权、以权谋私等现象,实际上就是少数领导干部不能驾驭手中的权力的表现。只有通过践行终身学习理念,不断丰富自己的学识,深化自己的认识水平,领导干部才能不断深化对权力的认知,把权力当作对人民、对历史的一种责任的载体,而非个人特权的载体,这才是正确的权力意识。有了正确的权力意识和权力观,领导干部便可能敬畏权力、谨身守正,所谓"战战兢兢,如临深渊,如履薄冰"。[②] 当领导干部群体都能敬畏权力、谨身守正,都能够谨慎用权的时候,便能保障政治清明,如此则天下大治可期。不断提升的文化修养和认识水平则是保障领导干部能够持续敬畏权力、谨身守正的重要条件。人能够认识到权力是一种责任,认识到应该谨慎用权并不难,难的是抵制住金钱利欲等各种诱惑。腐化堕落的官员往往是败于利欲熏心和侥幸心理导致的枉法滥权。文化修养的不断提升,能够澄明人的心志,即所谓"淡泊以明志,宁静以致远"。领导干部内心达到了淡泊宁静的状态,便不会被超出合理限度的个人欲望所控制,便能够显著降低被手中的权力所驱使的概率。这对于领导干部持续敬畏权力和谨身守正是一种内因性、心理性的重要支撑。领导干部通过树立终身学习理念,不断提升自己的学识与文化修养,还能够帮助领导干部明察历史中的兴衰荣辱,照历史这面镜子,做到向先贤看齐,以不肖为戒,这对于领导干部保持洁身自好、风清气正也很有裨益。

其四,领导干部树立终身学习理念有利于提升社会风气。在我国历史和现实中,官风、政风向来对民风有引领作用。在我国社会中,领导干部群体被认

[①]《论语·学而篇》。
[②]《诗经·小雅·小旻》

第6章 加强治理文化建设服务新时代国家治理

为是人群中的优秀分子,被认为是德才兼备立志为公的社会中坚力量。领导干部群体的言谈举止往往成为社会成员言谈举止的一种标准,一种学习的方向。如果领导干部不注重通过不断学习以提升自己的知识与文化修养,在工作中语言粗俗不堪,趣味流于下品,思想毫无见解,行动目无法纪,那么,必然会把社会成员的整体品位和素养带偏,不利于社会的文明进步。而如果广大领导干部能够真正坚持终身学习理念,不断提升自己的修养、谈吐、品位、境界等,影响所及,必然能够带动社会成员文明程度的提高和社会风气的淳化。领导干部树立并真正践行终身学习理念,还能影响和带动社会成员形成持续学习的良好风气,这对于建设学习型社会无疑也是大有裨益的。

二、突破领导干部树立终身学习理念的障碍

领导干部本身得以被组织提拔到重要岗位的依据便是具有领导水平,其中包括知识储备、眼界魄力、对工作规律的认识与把握能力等。支撑这些能力的是领导干部在被提拔前的长期理论学习和实践积累。但领导干部不能完全依赖过去的知识积淀,否则就可能犯刻舟求剑的错误。因此,领导干部应普遍牢固树立终身学习理念,不断保持与时俱进。但我们都知道,真正坚持终身学习理念并非易事。事实上,领导干部要真正树立并坚持终身学习理念,需要突破或警惕诸多障碍。

领导干部真正树立终身学习理念,需谨防陷入骄傲自满的陷阱。俗语云"人微言轻",与之相对的则自然是"位高言重"。领导干部由于在组织中处在上级位置,因其权力、学识、修养等为干部群众所尊敬、信赖,其观点往往能得到很大程度的尊重和赞誉,在少数风气欠佳的单位有人会对领导干部吹吹拍拍,即使在风气较佳的单位,也可能存在极个别人喜欢对领导干部逢迎阿谀。久而久之,领导干部如果不保持头脑清醒,就会自我麻痹,觉得自身学识见解的确较其他人高明得多。这种高明感很容易产生知识能力上的自满情绪,进而可能导致故步自封。领导干部必须谨防陷入这种骄傲自满的陷阱,要始终怀有一颗戒骄戒躁、谦虚谨慎的若谷心态。危险的陷阱,大家比较容易予以警惕,审慎躲开,但领导干部需要谨防的骄傲自满的陷阱,看起来并不危险,这才是难点所在。如果某个领导干部陷入了阻碍终身学习理念的骄傲自满的陷阱,那么这个陷入过程可能是踏着阶梯一步步走下去的,浑然不觉,就跟温水煮青蛙的过程是一样的。领导干部刚刚获任时,往往能够如临渊履薄一般,注意加强

学习，注重调查研究，所进行的领导和管理活动也往往具有科学性、合理性。这时往往能够赢得广大干部群众的赞誉乃至少数人的故意过誉，甚至可能在后续工作中的有些举措已经出现了瑕疵，但同事们觉得瑕不掩瑜出于尊重而未加指出甚至极个别人故意拣好听的说，久而久之，领导干部如不加注意、不加警惕，可能就会滋生觉得自己一通百通、事事高明的感觉。在这种感觉下，有的领导干部就可能不知不觉落入骄傲自满的陷阱，这样就不利于真正树立终身学习理念。

领导干部真正树立终身学习理念，还需破除心安理得心态。学习从来不是一件轻松的事情，如逆水行舟，不进则退。领导干部拥有权力，责任重大、政务事务繁忙，如日常要出席各种会议、做出各种决定、协调各方面工作、接待人员来访等。更重要的是，领导干部还要着力谋划单位的改革发展稳定大局，制定本单位的战略发展规划，带领干部群众往前奔。在大量政务事务面前，领导干部时间精力成为稀缺品。如此一来，放松学习，似乎理由充分，心安理得。这种心理状态是领导干部终身学习的常见障碍，应予以破除。必须认识到，加强学习是更好地处理政务事务的必要条件，更是创新工作思路的重要智慧源泉。这就需要领导干部掌握时间管理的艺术，百忙之中不忘自我充电。真正树立终身学习理念，难点在于"终身"二字，讲的是持续性问题。人们偶发式地突然下定决心，决定要看书学习以给自己充电，这个不难做到。但经常的情况是，书买来了，看了前边几页，就不想看了，然后束之高阁。这就是所谓"三分钟热度"的现象。领导干部政务事务繁忙，真正树立终身学习理念，关键在于制订科学严谨的日常学习计划，努力做到"苟日新，日日新，又日新"。①领导干部的时间虽然是稀缺品，但并不是没有，正如鲁迅所说，"时间就像海绵里的水，只要愿挤，总还是有的"。这里的关键其实还是要破除认为放松学习是理由充分的事情的心安理得心态。这一点其实是不难破除的，关键在于领导干部要充分认识到不断通过学习充实自己对于工作的重要性。领导干部都是经过组织培养多年、普遍富有责任心和坚毅品性、自制力强的优秀分子，因此对这一群体而言，只要认识到真正树立终身学习理念的重要性，那么破除心安理得心态并非难事。

领导干部真正树立终身学习理念，还需打破依赖秘书状态。领导干部要

---

① 《大学》。

真正树立终身学习理念,需要处理好幕僚辅助人员的协助与自身独立性的关系,避免陷入依赖秘书状态。依赖秘书有一些形象的行为特点,比如召开会议,领导干部要讲话,对工作进行引领、指导和安排,但如果领导干部不进行任何思考,不进行主旨要点说明,就将讲话稿全权委托给秘书代为撰写,自己照本宣科,这就是典型的依赖秘书状态。领导干部如果陷入依赖秘书状态,一切工作事项由秘书代为操办,便会逐渐倦于不断学习以提升自身知识文化水平和工作能力,其根源在于人性中的惰性。懒政、怠惰之风与惰于不断接受新知持续提升自我实则内在相关。领导干部要永葆初心,勇担使命,必须克服自身贪图安逸之念,必须切实避免依赖秘书,必须切实做到终身学习,与时俱进。现代管理实践中,考虑到领导干部的工作复杂程度,为领导干部配备了辅助机构和秘书人员,协助领导成员开展工作。但领导干部应通过坚持终身学习理念不断提升自己进行全局性、深刻性、前瞻性思考的能力,保持自己对战略性、关键性、方向性问题的引领能力。秘书人员由于自身的优秀才被选拔为领导身边的秘书,且在领导身边工作通常能得到很好的历练,可以给领导提供很有价值的信息、观点等,但领导干部却不能因此而当起甩手掌柜,对工作不加思考甚至不闻不问。这种状况对事业发展是不利的,因为领导干部和秘书人员所处组织方位毕竟不同,领导干部就要发挥引领作用,否则,就可能会使得所在单位的发展出现混乱局面。这就需要领导干部谨防依赖秘书现象,真正树立终身学习理念,从而能够不断与时俱进提升自己的岗位胜任力,特别是领导力。

三、领导干部真正树立终身学习理念需要掌握高效学习的科学方法

在现代社会,领导干部真正树立终身学习理念,保持知识和文化素养的不断更新和提升,是成为一位好领导的必要条件。领导干部切实突破骄傲自满心态、心安理得心态以及过度依赖秘书状态等终身学习障碍之后,通过掌握科学的学习方法实现高效学习,就成为决定终身学习理念能否可持续地树立起来的关键。因为社会主体的主观想法会有一个反馈强化的机制,如果一种想法及其衍生的行为倾向在实践中获得了益处,这对社会主体而言形成正强化,即主体会因为客观受益而继续坚持其相关想法及行为倾向,而如果社会主体的某个想法及其行为倾向使其徒劳无功,这对社会主体而言会形成负强化,社会主体可能会很快放弃其相关想法并否定相应的行为倾向。对于领导干部真正树立终身

学习理念而言，也存在上述反馈强化机制。领导干部通过树立终身学习理念，获得了良好的与时俱进的知识与文化素养的更新和提升，取得了良好的学习效果，促进了领导水平的提升和国家治理各领域工作的顺利推进，那么领导干部就会更加坚定终身学习理念，反之亦然。这时，能够提升领导干部学习效果的科学学习方法就成为领导干部能否真正树立终身学习理念的重要问题。这些方法包括有重点地学习、坚持学以致用标准、合理区别运用精读与泛读两种阅读方式等。对基层领导干部而言，则应该把用好单位阅览室作为提升学习效果的一个重要途径。

高效学习必然要求领导干部有重点地学，先掌握最要紧的知识。领导干部必须是党和人民事业的忠诚担当者，必须用党的指导思想、路线和方针政策武装头脑、指导工作。这就要求领导干部要深入研读党中央治国理政的重要论述，及时跟进最新论述，做到了然于胸。在此基础上，作为领导干部，要对党史、近现代史有概要性认知，从而能够从历史视野中深刻理解自己所处的新时代方位，增强为人民谋幸福、为民族谋复兴的使命感。领导干部还要善于学习自己所负责的领域、区域的发展沿革及历史脉络，从中提炼规律性的认识，判断趋势性的方向，找出关键性的节点。有了这些最要紧知识的深入学习，领导干部便能自觉与党中央保持高度一致，坚定作为一名领导干部的初心，提升谋篇布局的眼界。有重点地学，是高效学习的科学策略之一。当然，有重点地学，并不是说，领导干部就不要学习其他知识内容，这里不要陷入绝对化的误区，绝对化的误区是不符合辩证唯物主义的。领导干部是典型的通才型人才，知识面当然是越广越好。只要学有余力，领导干部理应广采博览，以期触类旁通，见识宏大深透。有重点地学，先把最要紧的知识掌握起来，这里的意思是，如果领导干部在时间精力确实有限的情况下，就要集中精力先了解和掌握重点的、对工作有直接指导作用的知识内容。

高效学习还要求领导干部坚持学以致用。习近平总书记指出"要学以致用，不要学用脱节"。[①] 领导干部终身学习，主要目的在于将所学用之于研究工作、指导工作、推进工作，总体上是一种应用型学习。而随着领导干部受教育水平的整体提升，新时代领导干部的学历普遍较高，大学学历已经十分普

[①] 杜尚泽、张晓松.始终牢记党的初心和使命——记习近平总书记在内蒙古考察并指导开展"不忘初心、牢记使命"主题教育[EB/OL].(2019-07-18).http://www.xinhuanet.com//2019-07/18/c_1124766762.htm.

第6章　加强治理文化建设服务新时代国家治理

遍，具有硕士和博士学位的也为数不少。这样，新时代领导干部可能很多都有专业学术研究的经历，有可能把这些学术研究的模式引入到作为领导干部的终身学习过程之中。这样做好不好，需要具体分析。领导干部从事的工作往往涉及很多方面，具有综合性，对应的学科专业可能也很多，所以领导干部属于通才型人才。通才型人才既要对自己擅长的特定专业领域有较深掌握，又需要对工作中普遍涉及的其他专业领域有所了解。领导干部在自己擅长的特定专业领域，当然要做系统深入的掌握，但这一过程往往在领导干部在学校接受学历教育阶段已经基本完成，参加工作后，可做一些跟踪学习，并不需要像在学校求学期间那样耗费主要时间精力进行学术性研究。而对于工作中普遍涉及的其他专业领域，领导干部不可能有充分的时间精力做系统的专业的学术学习与研究。总之，领导干部在贯彻终身学习理念过程中，不宜采用学术研究模式。科学的做法，是按照习近平总书记所说的"要学以致用，不要学用脱节"的要求去贯彻终身学习理念。因此，领导干部在继续学习过程中，不应把自己关进书斋进行学究式的学习，而是要让学习跟着事业发展实践走，突出应用性。应用型学习重点不在于把知识体系的演化和论证研析得多么系统和透彻，而在于把学习对象的整体理念、价值、用途、方法等结论性的内容迅速掌握起来，帮助更好地推进工作。明确了应用型学习的属性，在面对丰富的学习内容时，领导干部就有了一把尺子，学习中就能够做到有所侧重、详略得当。对知识体系有选择有目的地进行掌握，是领导干部高效学习的又一科学策略。

高效学习同时要求领导干部要灵活运用泛读和精读这两种阅读方式。阅读是最基本的一种学习形式。古今中外经典名作可说是汗牛充栋，时代迅速发展产生的政治、经济、文化、科技等资讯也堪称海量。现代社会知识生产越来越呈加速化态势，每年在全球范围内都会有大量各种各样的书籍出版，有海量的论文发表，各种机构发表的研究报告、白皮书、蓝皮书、年鉴等也十分丰富。这些种类繁多、数量巨大的文字资料，即使是一个人专门拿出所有时间来进行阅读，也无法普遍涉猎。领导干部时间精力比较紧张，更不可能一一阅览。但这些丰富的海量文字资料对于事业的发展又具有或直接或间接的关系，领导干部应当对之进行较为广泛的阅读和解读。面对这一问题，应该怎么办呢？建议先把这些海量的文字资料分为两个大的类别，一类是与事业发展和工作开展直接相关的，可以称之为工作信息资料；另一类是对事业发展和工作开展仅有间接的、不明显的影响的，可以称之为一般环境信息资料。对于一般环境信息资料，领导干部对之进行泛读，浏览一下，做到知晓即可。泛读侧重于了解，目的在于知晓事物的总体状况，掌握时代发展所带来的各方面的变化动态。需要指出的是，泛读虽然在对阅读对象的掌握程度上不及精读的要求高，但泛读可以使人广闻博见，格局恢宏。所以泛读也是很重要的，泛读是不可以退化为"不读"的。而对于工作信息资料，领导干部原则上应该对之进行有重点地精读。精读可以使人深思明辨，察微出新。精读主要针对能够与自身工作有直接启发、直接借鉴价值的内容，或认为对自身精神品性极有裨益的内容，用其沉潜之功，收获虎翼之效。领导干部在终身学习过程中区别使用泛读和精读，有利于实现高效学习。

领导干部在与时俱进不断通过学习新知提升自身知识和素养水平的过程中，只要善于运用科学高效的学习方法，便能够取得事半功倍的效果，便会进一步坚定终身学习的理念。领导干部中有一类群体数量比较多，那就是广大的基层领导干部。对于基层领导干部如何通过提升学习效果坚定终身学习理念，除了前文所述方法之外，结合基层特点，可以把加强对基层单位阅览室的利用作为基层领导干部提升学习效果的一个好途径。

阅览室在乡镇街道、城乡村庄社区等基层单位都广有设置。有的单位独辟一室供人阅览，有的则在办公室设有报刊架供人取阅。但是一段时间以来，阅览室出现了"门前冷落车马稀"的情况，基层阅览室似乎渐成摆设。殊不知，阅览室的功能并未过时，好好利用，对于提升基层领导干部工作水平和基层治理水平大有好处，对基层领导干部真正树立终身学习理念也大有助益。

基层阅览室提供从中央到地方的各级党报、有影响力的期刊，比如《人民日报》《半月谈》等。乍一看，似乎基层工作离这些报刊资料的叙事很远。然而，贴近了看，真正实现对这些报刊的信息占有，则会给基层工作打开一扇令人鼓舞的窗。

一是读好报刊资料使基层领导干部能够升维思考基层工作。基层工作确实具有微观具体甚至琐碎的一面。街道社区、乡镇村庄的领导干部就是给老百姓操心办事的，柴米油盐、家长里短，诸如此类都是基层日常工作。"群众利益无小事"，真正把基层具体工作做好做实做到位，让群众满意，而不是门难进、脸难看、话难听、事难办，让群众有怨言，这需要升维思考基层工作。站在更高的维度，来观察涉及千家万户具体而微的基层工作，就能够发现基层工作这粒水珠折射着太阳的光芒，富有意义，它是党治国理政的有机构成部分。通过

第6章 加强治理文化建设服务新时代国家治理

经常阅览学习党报党刊资料，基层工作者能够系统动态地了解党和国家的大政方针，越是阅读得深入，就越会发现这些内容无不与基层工作息息相关；越是学习得到位，就越会发现这些内容里边凝结着我们党的初心，而基层工作就是在末梢层面践行党的初心。有了这样的升维思考，便能够使基层领导干部善于从全局谋一隅，用一隅服务全局。如此一来，做基层工作时便是怀揣初心和中央政策，这恰如大海航行有了指南针，基层工作便不再琐碎而是明确具体，不是无关紧要而是意义重要。

二是读好报刊资料有利于基层领导干部创新工作方法。阅览室订阅的党报党刊等，有一项重要内容就是关于实际工作的方法论，既有理论剖析类，又有各地实践经验评介类。理论剖析类使基层领导干部从普遍规律的高度提升改造世界改进工作方法的思路指引；实践经验评介类则给基层领导干部提供他山之石的借鉴，利于开拓思路，对照思考。"问渠哪得清如许，为有源头活水来。"基层工作多属具体执行、具体服务类型，日复日年复年，很容易流变为机械重复，一些基层工作者可能会渐生怠惰，乃至工作过程逐渐脱离时代，脱离群众。因而，基层工作需要在深入了解本地情况基础上，不断引入"活水"，使得工作与时代发展贴近起来，与人民期望符合起来，工作局面生动活泼起来。阅览室就是一个重要的活水之渠，把精心编排的报刊资料占有起来，用以帮助基层领导干部不断提升基层工作水平，这本身也是一种担当精神、进取精神，也是克服怠惰之风的一个途径。否则，让阅览室成为摆设，那就是一种浪费。

某种意义上来说，基层阅览室直接给基层领导干部提供了高效学习的平台。领导干部高效学习需要有重点地学，需要坚持学以致用，需要灵活运用精读和泛读两种阅读方式。而利用好基层阅览室，对于基层领导干部而言，就是很好地践行高效学习的途径。因为基层阅览室订阅的党报党刊等资料，直接就是领导干部要重点学习的内容，直接就是需要领导干部进行精读的与工作直接相关的信息资料，学习了这些内容，能有助于工作开展。

然而，为什么一段时间以来基层阅览室的利用率不高了呢？在过去，基层阅览室的报刊资料是基层领导干部及时学习中央和上级路线方针政策，提升理论认识水平，交流各地工作动态，了解外部世界的重要渠道。干部职工在工作间隙取阅报刊，自我充电学习是一种风气。现在为什么阅览室乏人问津了呢？信息数字化和信息渠道多样化是重要原因。

海量的信息通过互联网，经由电脑终端或智能手机终端等触达阅读者。互

联网20世纪90年代末期在我国开始发展,短短20余年时间,深刻地改变了人们的阅读习惯,"低头族"现象即是指人们有空就低头查阅手机。在工作单位,电脑则成为重要的阅读媒介。于是,阅览室在人们的阅读习惯中日趋边缘化。传统纸媒的边缘化和数字传播的强势,是技术进步带来的不可阻挡的现象,具有促进信息平等、使得信息传播更加及时有效、给读者提供方便快捷不受时空限制的阅读体验等优势。然而,这一优势是从一般社会意义上而言的。就基层单位阅览室设置的初衷而言,数字化信息渠道却又不能完全取代阅览室的功能。

基层单位的阅览室,订阅各级党报党刊等资料,目的在于为实际工作提供信息情报支持,帮助基层领导干部和职工学习政策、拓宽思路、开阔视野。也就是说,基层阅览室在功能定位上是具有以工作为中心的专业化考量的,不是随便什么报刊读物都能进阅览室的。而互联网信息的海量优势,在以工作为中心的专业化维度,从给基层领导干部和职工提供工作参考的功能来说,反而变成了一种劣势。

当然,对于互联网海量信息的这一相对劣势,有人会认为,通过信息自动化搜索,基层工作人员可以迅捷地锁定某一主题的信息。技术上确实如此,然而实际上则不尽然。互联网信息号称"眼球经济",互联网信息提供者要尽可能吸引更多的阅读者,才能做大流量,然后再把流量转化为经济收益,这是互联网信息服务的经济逻辑。如此一来,大量刺激性、负面信息甚至一些"怪力乱神"的低价值甚至几乎毫无意义的信息往往充斥着网络空间,吸引着人们的眼球和点击。这些信息往往更具传播力,因为它们能够满足人们的好奇心,人们在猎奇心理支配下,便会不知不觉淹没在大量没有价值的泡沫信息之中。

至此,我们就能回答为什么基层阅览室一段时间以来利用率不高的问题了。就基层领导干部而言,他们中一些人的学习过程中出现了不同程度的双替代:即在阅读途径上由过去在工作间隙读书看报被现在浏览网页或查看手机所替代;在阅读内容上则由占有各级党报和知名期刊的对工作有参考价值的信息,被替代为大量对工作没有意义的泡沫信息。这种阅读途径和阅读内容上的双替代,显然是有危害的。本来基层领导干部在工作间隙可以通过读书看报提升工作水平,是一种磨刀不误砍柴工的行为。但现在如果时间精力消耗在无意义的信息浏览上,不仅无助于改进工作,而且还可能因沉溺网络而降低工作投入程度。

基层领导干部要充分认识学习过程中发生双替代的危害,警惕自身是否存在双替代问题,切实认识到利用单位阅览室读书看报的价值。基层领导干部要把充分利用单位阅览室当成提升自身学习效果的一个重要途径,形成阅读的好习惯。通过利用单位阅览室,基层领导干部在学习中能够高效掌握党的路线方针政策,能够准确把握经济社会发展形势,能够了解许多对实际工作有价值的经验和方法,认识水平和工作能力自然水涨船高,学习效果便会大为提升,这有助于基层领导干部真正树立并坚持终身学习理念,形成正强化。

第七节 地方政务新媒体要讲好中国故事助力治理文化建设

地方政务新媒体是地方政府展示地方改革发展和地方治理的一个重要媒介。地方政务新媒体有不同类型,比较常见的是依托微信、微博开设的官方账号,近来在抖音也有一些政府部门开通了政务账号,此外还包括一些政府机构专门开发的移动客户端等。地方政务新媒体正成为传播政务信息、回应群众诉求、开展便民服务、加强政府与群众互动的重要渠道和窗口。除了上述具体的功能之外,作为地方政务新媒体,还应发挥自身融合了文字、图像、音视频等表现形式的优势,积极主动而又形象地讲好中国故事,助力国家治理文化建设。在中国故事之中,蕴含着"四个自信",蕴含着党的路线方针政策,蕴含着党和政府带领人民开拓创新锐意进取的精神,蕴含着社会主义核心价值观,蕴含着我国传统美德。这些都是国家治理文化的重要内容。地方政务新媒体通过讲好中国故事,形象地使得这些治理文化要素内化于人民群众之心,进而外化于人民群众之行,对国家治理十分有益。

一、讲好中国故事助力治理文化建设是地方政务新媒体的重要职责

地方政务新媒体,是由政府举办的,区别于一般社会主体所开设的各种网络自媒体。在其功能上,它是服务于公共目的的,由公共财政支持其运转,提供公共信息服务。这决定了政务新媒体在形式上虽然可以与各种自媒体同样生动活泼、具有很好的受众体验,但在内容上它却有自己严肃的、规范的指向。讲好中国故事,助力治理文化建设便是地方政务新媒体要重视的内容指向之一。

讲好中国故事，符合政务新媒体的定位要求。2018年出台的《国务院办公厅关于推进政务新媒体健康有序发展的意见》（以下简称《意见》）对政务新媒体的定位是"党和政府联系群众、服务群众、凝聚群众的重要渠道……是引导网上舆论、构建清朗网络空间的重要阵地，是探索社会治理新模式、提高社会治理能力的重要途径"。根据这一定位，政务新媒体就要讲好中国故事，以激发群众的时代自豪感、责任感、幸福感、获得感和安全感，这既给网络舆论空间增加了正能量内容，又能起到凝聚群众的作用，同时还有助于治理文化建设，能够为提升国家与社会治理能力和水平提供有利的社会心理和文化环境。

讲好中国故事，助力治理文化建设，是发展政务新媒体的基本原则的要求。《意见》对政务新媒体的有序发展，提出了四条基本原则，第一条就是"增强四个意识，坚定四个自信，坚决做到两个维护，围绕中心，服务大局，弘扬主旋律，传播正能量，讲好中国故事，办好群众实事"。这是政务新媒体健康发展的根本导向。自觉主动发掘中国故事，讲好中国故事，进行治理文化建设，是政务新媒体相关部门和工作人员自觉提高政治站位的必然要求，也是"围绕中心，服务大局，弘扬主旋律"的重要方式。

二、地方政务新媒体讲好中国故事助力治理文化建设途径

地方政务新媒体要在党和政府的领导下，从本地视角用心挖掘和精心呈现本地的中国故事，服务于治理文化建设。地方政务新媒体工作者要以高度的责任心、精湛的媒体专业技术能力，履行好这一重要职责。而要履行好这一重要职责，必须认真研究应从哪些方面讲好中国故事，必须认真研究在所讲的中国故事中，如何春风化雨般地使先进治理文化内化于人民群众之心，外化于人民群众之行。

要承担讲好中国故事这一重要职责，地方政务新媒体可以重点从以下十个方面挖掘和组织素材。

一是本地悠久的历史文化。优秀的传统文化，是中国人的共同精神根脉。每个地方都有与本地密切相连的历史文化资源。这些文化资源或者存之于历代地方史志之中，或者流传于民间口耳之间，又甚至载之于国史，或者依托于本地名胜古迹。举凡人物、言行、事迹等能恒久流传者，皆有其价值，其中正蕴含着历史上一个地方人民群众在创造历史中所具备的勤劳、勇敢、智慧、善良乃至急公好义、热爱国家等优秀的精神品质。地方政务新媒体要站在传承优秀

第 6 章　加强治理文化建设服务新时代国家治理

传统文化、进行社会文化建设、激发民族自豪感和文化自信的高位,有意识地主动地精心展现本地悠久的优秀历史文化。本地的中国历史故事就在其中。

二是本地丰厚的红色文化。在革命战争时期,中国共产党领导人民军队进行了艰苦卓绝的浴血奋斗,才有了今天人民幸福和民族复兴的繁荣美好。革命的火种星火燎原,在祖国大地很多地方都留下了革命先辈的光荣事迹。"为有牺牲多壮志,敢教日月换新天。"本地先烈为了共产主义理想坚决跟党走,为了民族和人民解放事业奉献一切的崇高精神;人民子弟兵奋勇杀敌视死如归的革命英雄主义事迹;人民群众自发支前拥军的军民鱼水情等,这里边蕴含着我国社会主义事业的深厚根脉。地方政务新媒体要自觉把弘扬本地丰厚的红色文化作为自己的责任,这里边有我们来时的路,这里边有我们的初心。本地的中国革命故事就在其中。

三是本地淳朴的风俗民情。"一方水土养一方人",一方人有一方人的风俗民情。从饮食的酸甜苦辣不同口味偏好,到务农、做工、经营商业的生计选择,再到妻贤子孝、耕读传家、谨身守正的家训家风,乃至尊老爱幼和睦互济的乡规里约,一些地方传说等,都体现了一地的风俗民情。风俗民情是在当地的资源条件约束下人们在长期共同生产生活中形成的,对一方人的安身立命乃至社会的和谐有序,都是有重要价值的民间文化资源。地方政务新媒体要发挥自身融媒体优势,把优秀的民间文化资源精心挖掘和生动呈现出来,使之潜移默化地助力社会治理。本地的风俗民情故事就在其中。

四是本地旖旎的秀美风光。美不美,家乡水。我国地大物博,山川秀美。古往今来,许多文人墨客留下了脍炙人口的描写祖国自然风光的佳作。我国各地都有很多令人心旷神怡的自然景观。同时,随着国家对生态人居环境的重视,现在各地的城市绿化率越来越高了,越来越美了;农村随着"美丽乡村"建设的推进也变得越来越美了,城市和乡村的市容村貌也自成景观。地方政务新媒体要用生动形象的图文视频等多种形式,展现本地的美,激发人们热爱家乡、建设家乡的情怀。本地的生态文明故事就在其中。

五是本地政治类重要会议。本地政治类会议包括党的地方代表大会和党委会、人大以及政协每年的两会、政府的重要工作会议等。本地政治类会议体现了在党的全面领导下,人大汇聚民意,政府履职担责,政协民主协商,共同谋划本地经济社会发展大局的治理格局。政务新媒体要及时准确地把重要政治类会议的重要信息向社会发布,这不仅仅是关系到群众对本地地方治理政策的知

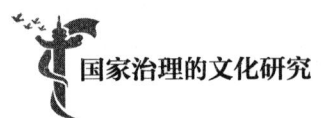

情权、参与权和监督权,而且关系到统一认识,凝聚人心,鼓舞士气。本地的中国道路故事就在其中。

六是党和政府利民好政策。新时代党和政府不断满足人民日益增长的美好生活需要,不断增强老百姓的获得感、幸福感和安全感,针对城乡居民的惠民、便民和利民好政策随着经济社会发展水平的提高不断推出。从中央到本地,这样的好政策的确很多:比如近年来不断上调的养老金标准、最低工资标准,比如个人所得税减免政策;比如针对农村地区的危房改造专项等。地方政务新媒体要及时宣传这些利民好政策,还要推出详细的说明,需要申请的项目则还要配好流程指南,这既是便民措施,更是体现党和政府坚持以人民为中心,践行全心全意为人民服务的根本宗旨的重要窗口。本地的中国民生故事就在其中。

七是本地感动人心好事迹。"衣食足而知礼节",随着我国经济建设和人民物质生活水平的提高,人们的精神文明和公民道德素养也会同步提升。新时代会有越来越多的好人好事涌现出来。感动人心的好人好事,可以是紧急情况下的见义勇为,也可以是日常生活中的尊老爱幼、相互礼让,也可以是捐资助教、助贫,等等。总之,在新时代人们会更加具有公共精神和公益思想,公民美德会有很大的提升。地方政务新媒体把这些感动人心好事迹用镜头、图片等形式表达出来,这既是一种褒扬,又是一种引导和塑造。本地的中国道德风尚故事就在其中。

八是本地重要节庆好氛围。我国文化向来重视节庆,逢年过节都要用心准备。节日氛围、人们的精神面貌、节日消费和节日商品供应等,都是一个地方经济社会发展水平、地方治理水平的重要体现,更是我国人民生活水平的集中展现。而越是节庆期间,也越是公安、消防、交通等公共机构工作强度较高的时段,这些战线的人们为人民度过一个安乐祥和的美好节日在背后辛勤付出。地方政务新媒体要把一个城市、一个地区的重要节庆多角度呈现出来,把党和政府全心全意为人民服务的根本宗旨充分表达出来。本地的中国物阜民康故事就在其中。

九是本地社会舆论热点。在日常生活中,一个地方间或发生一些不一般的事情。在网络和各种社交软件提供的信息传播环境条件下,这些不一般的事情经常会迅速演变成舆论热点。特别是发生在贫富之间、老百姓和政府工作人员之间的磕磕碰碰,以及后续权力机构的介入方式等,常常会引起很大范围乃至

第6章 加强治理文化建设服务新时代国家治理

全国的关注,成为社会舆论热点。这种情况常常被称为舆论危机,政府会启动危机管理模式予以应对。作为地方政务新媒体,尤应及时跟进,发出客观理性的声音,用最坚定最坚决的态度推动事情向着还原真相和实现公平正义的方向演进,实时发布政府维护公平正义的坚强决心和具体行动。本地的中国公平正义故事就在其中。

十是本地改革发展新成就。中国特色社会主义进入了新时代,在党的领导下,各地不忘初心勇担使命,不断探索改革发展的新举措,取得新成绩,展现新气象。高技术含量的实体企业的上马、更加便捷的道路桥梁的修通、更加亲民和人性化的政府政务服务大厅的运行、教育医疗养老等民生项目的推进以及城乡群众更加鼓起来的腰包等,都是在党的领导下本地人民群众团结奋斗的结果。地方政务新媒体要重点地、及时地把这些为人民谋幸福为民族谋复兴的地方改革发展新成就精彩呈现出来,这能鼓舞人们的士气,坚定道路自信、理论自信、制度自信和文化自信。本地的中国民族复兴故事就在其中。

地方政务新媒体从这十个重点着手,讲好中国故事,助力治理文化建设,对于国家与社会治理很有裨益。讲好中国故事,不仅要讲,而且要讲好。地方政务新媒体工作人员要善于从新媒体的角度,来研究如何把中国故事讲好。新媒体与传统媒体相比,其特点和优势在于表现形式多样,有文字、声音、视频、图画等各种表现形式可以使用,而且可以搭配使用。地方政务新媒体在讲好中国故事的过程中,要善于合理运用新媒体的丰富表现形式,力求把中国故事讲得生动、形象,讲得有吸引力,讲得让人印象深刻。在注重形式的时候,当然也一定要把握住政务新媒体的"政务"二字,在讲好中国故事的过程中,要牢记与生动形象的表现形式相对应的必须是比较严肃的内容,这些内容要着力于弘扬社会正能量,着力于服务国家与社会的治理。

地方政务新媒体充分发挥自身政务窗口地位优势和表现形式丰富的技术优势,讲好本地的中国故事,实际上是内蕴着治理文化建设,发挥着价值引领作用,对于一方的社会和谐,对于鼓舞本地干部群众奋发向上的士气和斗志,都具有春风化雨般的价值和意义。要积极扩大政务新媒体的受众范围,首先引导机关事业单位以及公有制企业单位的干部职工关注本地政务新媒体,其次要向驻地大中专院校师生员工宣传政务新媒体,还要向乡镇街道、城乡社区广大干部群众推广政务新媒体,争取把中国故事传遍千家万户,争取把政务新媒体建设成为本地新闻舆论的重要阵地。

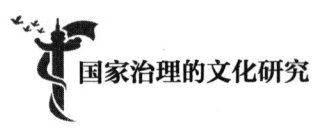
国家治理的文化研究

第八节 强化社会成员个体间和谐文化建设助力于提高社会文明程度

十九大报告中明确指出我国当前"社会文明水平尚需提高",在新时代"要提高人民思想觉悟、道德水准、文明素养,提高全社会文明程度",使得"社会文明程度达到新的高度"。可见,社会文明程度和公民文明素养的提高是党治国理政的重要内容。社会文明程度和公民文明素养与社会成员个体间关系状态是直接相关的。一定意义上,社会成员个体间关系是社会文明程度和公民文明素养的实践基础,同时也是检验场和显示器;反过来,社会文明程度和公民文明素养的培育,核心目的之一是为了调节社会成员个体间相互关系。相互关系融洽和谐礼让友爱,则人们在工作和生活中就会心情舒畅,反之,则会影响身心健康,积累社会戾气。显然,融洽和谐礼让友爱的个体间相互关系,是十九大提出的"人民日益增长的美好生活需要"的应有之义。而社会成员个体间关系,表面上看是具体相关方之间的互动关系,但整体上良好的个体间关系又不是纯粹私人个体能够完全实现的。因而,在新时代,有必要把社会成员个体间关系进一步纳入国家治理的视野,强化社会成员个体间和谐文化建设,实现个体间关系的良性运行,从而助力于社会文明程度的提高。

一、个体间关系的和谐是国家治理在微观层面的重要内容

我国社会成员个体间关系整体上有序,但微观个案时有发生,且类似问题不断重复发生。比如乘坐火车的霸座问题,在公交车上时常发生的老年人和年轻人因让座问题而争吵甚至动手问题,公交车司乘矛盾导致车祸问题,广场舞音响引起的纠纷问题,医患纠纷问题,涉及未成年人的校园霸凌问题,邻里关系问题,等等。社会成员个体间关系看似不关大局,好像可以由人际关系中的个体相互自动调节即可,实则对人们的生活质量、社会和谐有序运行等有着基础性影响,所谓风起于青萍之末。现代社会个体之间,且常常是陌生人之间,在社会生活中是一个巨量的接触和共在共生关系,在这里发生意见相左、磕磕碰碰,是常见的、正常的现象。在人们普遍文明素养较高,不为己甚,不极端

第6章 加强治理文化建设服务新时代国家治理

以自我为中心的前提下,社会成员会将相互间意见相左、磕磕碰碰等矛盾对立收敛在平和的区间内,甚至使之消融。反之,则可能将小事变为大事,将磕磕碰碰发展为激烈争吵、恶语相向,乃至拳脚相加;在极个别的个案中,甚至恶化到拔刀相向,导致发生悲剧和惨案。社会成员个体间关系,覆盖人们吃穿住用行的方方面面,最具体、最直接、最直观地作用于每个人,影响着每个人对美好生活的体验和感受,影响着人们的精神状态,影响着人们的生活质量。而且在信息时代,一旦社会成员个体间关系出现不和谐事例,经常能够得到广泛传播和关注,这种情形下,受影响的绝不仅仅是该事例涉及的直接当事人,而是会对社会生活秩序有着深刻的影响。这种深刻社会影响是由两个原因导致的。

一是因为个体间关系不和谐事例在网络舆论领域的大范围扩散,使得人们对整个社会的文明水平形成不良印象。不和谐的负面事例往往传播得更快更广泛,即俗语所云"好事不出门,坏事传千里"。如果不和谐负面事例借助网络传播手段经常充斥舆论场,虽然从整个社会而言不和谐的负面事例实际上并没有那么多,但舆论场的广泛传播效应却可能让人们误以为这类事件在社会上是普遍存在的,从而会使人们对社会文明水平形成不良印象。

二是因为广泛曝光的个体间关系不和谐事例如果反复出现,且对于有错甚至违法一方并没有得到有效惩戒,将可能对社会成员形成不良心理暗示。因为有错甚至违法而未被有效惩戒,意味着人们获取超出正常范围的利益的风险很低,意志薄弱而不能抵制利益诱惑者可能就会效仿有错甚至违法一方的行为。比如偶有所闻的所谓碰瓷行为,如果碰瓷者被监控等技术手段证明确属碰瓷,但如果不深究其责任,而是说两句了事,则难保以后其不会继续碰瓷,因为即使被证明是在碰瓷,碰瓷者只是面临被"说两句"的后果,而一旦碰瓷成功,则可能获得明显的利益。如果类似事例不能得到有效处理而对社会成员形成不良心理暗示,就有可能会引发意志薄弱者的效仿行为,对社会有序运行产生不利影响。

可见,在信息时代,社会成员个体间不和谐事例有可能对社会生活秩序产生深刻的影响。因此,微观上时有发生的社会成员个体间关系不和谐问题应予以有效化解,通过各方努力,建设文明和谐的美好个体间关系,这既是对社会成员个体身心健康有利的事情,也是对社会整体和谐有序运行有利的事情,是国家治理在微观层面的重要内容。

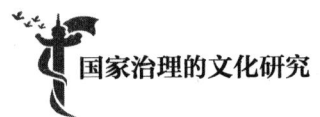

二、个体间和谐文化的作用及其影响因素

英国政治思想家洛克的自然状态——战争状态理论可以用来准确解释社会成员个体间关系可能发生不和谐问题，甚至演变为恶性事件这一事实。洛克认为人类一开始生活在没有国家或公共权力的自然状态中。在自然状态下，一开始人们互敬互爱，享有完全平等的权力，过着自然有序的生活。然而在自然状态下，人人都是法官，都具有平等的裁判权和惩罚权，这样一来，人们在相互矛盾中往往会作出对自己有利的判决并付诸行动，于是个体间关系趋向相互侵害而使得社会陷入战争状态。洛克认为，为了避免战争状态的毁灭性后果，人们放弃各自的审判和惩罚犯罪的自然权力，把应由整个社会立法予以保护的所有事情都交由社会来处理，社会成为仲裁人，由公共权威也就是国家及政府来进行人际关系的调节，这样就可以排除战争状态。

显然，社会成员个体间关系场景中发生不和谐甚至激发恶性事件的原因在于，当事个体产生矛盾之后，瞬间退入了自然状态，即矛盾一方或双方不自觉地充当着事件的法官，作出裁判甚至要向对方施加惩罚，在情绪的支配下最终滑向战争状态。国家治理的重要内容就是要尽可能地使得发生矛盾的个体间关系不要退入自然状态，矛盾双方不要自行裁判并用个体自然力量去实施这一裁判，从而达到尽可能消除战争状态，促进社会成员个体间关系和谐的治理目标。这就要求国家治理体系要尽可能地给社会成员个体间关系提供行为准则。在这些规则里，社会成员个体间和谐文化无疑能发挥重要作用。因为文化一旦形成，就会成为社会主体精神存在的一部分，融入人格，时时影响着人的心理状态并塑造人的外部行为。文化是无形的规则，其作用力一般而言是非强制性的，甚至是很弱的；但从另一种意义上来说，文化却又是极富韧性、极富塑造力和影响力的。一旦一种文化被社会广泛传播、认可和接受，就能塑造人们的气质、性格、心理与行为倾向等。我们生活中时常看到一些个体间关系不文明不和谐的事例和现象，这可能有各种原因，但当事个体缺乏良好的个体间和谐文化无疑是重要原因之一。个体间不文明不和谐的事例中的当事人缺乏良好的个体间和谐文化，是由多方面因素造成的。

1.受历史传统影响，国家对社会成员个体间关系的治理重视不够，使得个体间和谐文化缺乏有力的强化机制。

文明和谐的关系，乃至文明和谐的文化的形成，既需要社会生活中的个

第6章 加强治理文化建设服务新时代国家治理

体积极提升文明修养,更需要国家重视对个体间关系的调节,遇有个体间纠纷时,运用法律予以严格调处是社会成员养成良好的文明和谐文化的必要环节。习惯的形成在于心理学上人的行为选择的强化机制。当社会成员个体间发生矛盾的时候,政府严格以法律为准绳,以事实为依据,予以厘定责任,便能使得守序一方坚定守序意识和文明和谐的行为选择,无理取闹一方便会收敛其违序行为倾向。久而久之,社会成员便会形成良好的文明守序的和谐文化。文化的遵行者不吃亏乃至获益的时候,这个文化才有生命力,否则就会仅仅剩下一些口号和文字符号。而文化要获得这样的能力,必须获得公共力量的法的护持。在古代社会,宗法文化之所以在基层社会得到贯彻,乃是因为有宗族社会结构予以宗法保障。现代社会,在微观治理层面,能够使得遵守文明和谐文化的个体受到尊重且其正当利益得到保护而破坏文明和谐文化者的违序行为受到惩戒,进而强化社会成员的和谐文化同时抑制其违序倾向的,主要是政府执法机构。然而政府的治理无疑受到历史上传统政治文化的深刻影响。儒家提倡仁政,在调节社会关系时,认为"道之以德"要优于"齐之以刑",[①]主张通过教化使人们守礼知耻。[②]孔子认为"圣人之设防,贵其不犯也。制五刑而不用,所以为至治也",[③]即认为治理达到理想境界之后法律手段就没有用武之地了。毫无疑问,儒家提倡的这个理念是非常有道理的,"制五刑而不用"是国家治理的至高境界。就社会成员个体间关系而言,道德调节的确是极为重要和不可忽视的,以德治国是国家治理的基础工程,但法律手段在个体间关系治理中明断是非维护公正的强制功能也是不可或缺的。如果政府在个体间关系纠纷已经发生时依赖和稀泥的手法大事化小、小事化了,会造成法律手段运用不足。这时,面对个体间关系纠纷,执法人员的执法行为褪变为对当事人的宣传教育过程,法律权威的缺位将会带来道德调节作用的弱化,个体间关系问题就可能不断重复发生,社会成员个体间文明和谐文化便可能缺乏有力的强化机制。执法者之所以采取软化方式处理问题,一定程度上是受到传统政治文化影响的。但事实上,传统政治文化"制五刑而不用"的境界,也必然是有一个通过严格执法而引导社会成员文明和谐相处的阶段。因为,就人性而言,古人和今人从大规模群体视角是一样的。

---

① 《论语·为政篇》。
② 《论语·尧曰篇》。
③ 《孔子家语·五刑解》。

2.遇事求人不求法的陋习，影响社会成员个体间和谐文化的形成。

对于遇事求人不求法现象，人们最普遍的看法是社会成员法治意识淡薄。这一判断实则具有相对性。事实上，我国社会成员具有完全合格的法治意识。几乎没有人不认为，法治对于实现理想的国家治理是必要和重要的。法治作为一种治理方式，又作为一种治理型态，在当代任何关乎现代国家治理的公开讨论中，它都具有共识。在我国，不仅仅是各种社会精英人员，而且包括普通群众，对法治的价值，都是予以高度推崇的。无论从公共舆论场域观察，还是从街角闲谈观风，我们会发现对于各种小到市井生活，大到国家治理的言说中，法治意识都不缺乏。我国民众的法治意识，既受到千百年来诸如"王子犯法与庶民同罪""杀人偿命欠债还钱"等传统朴素法治思想的熏陶，更与改革开放以来健全法制及推进法治建设直接相关。社会成员意识层面对法治的共识，是实施全面依法治国战略的社会心理根基。

然而，法治意识并不能自动跃迁为具体的、现实的行为选择。从理性经济人的人性假设出发，如果存在较高机会，则逾越法治边界确保自身利益是自然的选择。当社会环境给理性经济人逾越法治边界提供较低的成本和较大的额外获利机会或者提供免受不公正对待的保障时，尤其是身边环境乃至整个社会运行中逾越法治边界导致成功获利成为习见现象时，人们内心良知判定的对法治的抽象肯定将会在具体的现实的经验判断中失去对理性经济人行为的约束，就恰如电影《后会无期》中的台词所说：小孩子才分对错，成年人只看利弊。在这种情况下，遇事求人不求法便可能成为常见的现象。而一旦个体间发生纠纷时不求诸法律而求诸人，则存在很大的破坏文明和谐秩序的风险。因为人是有立场的，很可能站在熟人的立场上拉偏架、说反话，颠倒黑白也不是不可能的。理性经济人在特定具体情境中对法治的放弃与对亲朋熟人的求助，甚至可能会导致社会霸凌行为，这时，谁的人多，谁的关系硬谁就占优势。这无疑会妨碍个体间文明和谐文化的形成。

3.部分社会个体的现代市民意识淡薄，个人权利观念存在偏差，影响个体间和谐文化的发展。

现代市民意识，根本上来说是由现代市场经济发展所塑造的。在市场经济中，个体经由广泛的市场交易连接为一个命运共同体，命运共同体成员进行市场交易的核心规则在于平等交换，彼此之间当视为相互依存的互为主体且道德等值的关系，彼此之间不仅在经济交换中，而且在相互一切交往中必须把权利

第6章 加强治理文化建设服务新时代国家治理

平等置于核心位置。这样，就形成了以权利平等为核心的现代市民意识。权利平等意识有利于社会成员个体间和谐文化的形成与发展。在社会转型时期，由于市场经济还不够完善，市场交易的权利平等观念还未完成对社会成员的文化同构，因而部分社会个体还会由于各种原因不自觉地将自己的权利置于他人之上，比如排队中的"加塞"行为、乘车中的"霸座"行为等，极而言之，这部分社会个体实际上赋予了自己以特权地位，是封建意识在现代社会某种形式的残存。特权思想与现代文明建立在权利平等基础上的社会秩序是格格不入的，不消除之，则在社会成员的个体间关系中既会无视道德教化也会藐视法律戒令。一旦如此，则社会成员个体间和谐文化的发展就会受到影响。

三、个体间和谐文化的培育

在新时代，对社会成员个体间关系的优化治理，是满足人民群众美好生活需要的必然要求，也是国家治理更加精细化、精准化的体现，能够切实减少不时出现的个体间关系问题，有利于提升公民文明素养和社会文明程度，有助于提升社会的祥和有序水平。这就需要政府、社会等相关治理主体切实努力，强化社会成员个体间和谐文化建设。

1.切实树立社会成员个体间关系需要加强治理的理念，通过政府对个体间纠纷的严格执法，实现是非分明、有责必究、惩恶扬善的治理效果，从而使得社会成员个体间和谐文化的发展具有更加良好的社会环境。

对于一些一再发生、重复出现的个体间关系不和谐问题，不能完全把原因归结为当事群众素质不高，而是要看到个体间关系产生问题与缺乏适切的微观治理提供的和谐秩序意识有密切关系。改革开放以来我国国家治理有效维护了政治和社会稳定，我国逐步建立健全的包括社会保障制度在内的整体性框架性制度体系为调节个体间关系问题提供了坚实基础。在新时代，在继续保持这一国家治理成就之外，应更加重视和恰当投入更多公共资源来优化微观层面社会成员个体间关系问题的治理。通过政府执法对个体间冲突的公正介入，使得谁不文明和谐，谁导致治安乃至刑事问题，谁就要被丝毫不差地追究责任。这样就能实现社会成员个体间关系是非分明、责任明确，就能做到好人受保护，恶行被惩罚。在这样的社会环境下，人们便会主动选择和谐行为，这对于和谐文化的发展是很有利的。

和谐文化可以倡导，而唯有依法治理的跟进，才能使得和谐文化的效力得

到彰显,和谐文化才能真正树立起来,走进社会成员个体间关系场景之中。比如,关于打架斗殴,一定要慎用各打五十大板的处理手法,因为通常斗殴双方有一方先突破了文明底线。执法者只有加强治理,严格追究过错一方的责任,而不是和稀泥,各打五十大板,才能为文明和谐的个体间文化提供底线支撑。

2.针对社会成员个体间关系不和谐事例的多发领域,细化立法,促进相关社会领域中个体间和谐文化的形成。

没有文化道德调节,法律运行会成本高企;反过来,没有法律调节,则文化道德水准会走向滑坡。如果特定社会关系领域个体之间发生纠纷,却没有细致的法律法规予以调节,而是仅有原则性的法条予以涵盖,政府执法无明确的细则依据,那么,在这些领域,在具体的情境中,社会个体发生相互间关系纠纷的概率就会变大,反复出现的纠纷,将会侵蚀个体间关系的文明和谐文化。

社会成员个体间关系需要适切细致的法律,来使得人们存在的自然状态关系尽可能转变为有法律权威调节的社会关系,以保障人们相互间权利的行使不造成相互侵害。虽然法律不可能穷尽一切社会成员个体间相互关系,但可以在实践中有针对性地逐步完善。

近年来,我国一些地方已经在细化立法以调节特定社会领域社会成员个体间关系方面做出了积极的探索,比如广东省和天津市。广东省 2018 年出台了《广东省铁路安全管理条例》,对"高铁霸座"这一行为明令禁止,同年还出台了《加强中小学生欺凌综合治理方案的实施办法(试行)》,对校园欺凌的处理进行了细致规定。天津市在 2018 年出台了《天津市预防和治理校园欺凌若干规定》,其调节范围涵盖中小学、中等职业学校和普通高校,对校园欺凌进行了富有针对性的立法规范。国家层面和地方层面,应进一步共同努力,提升个体间关系不和谐事例多发领域的细化立法水平。与此同时,在司法和执法层面,则需切实坚持以事实为依据,以法律为准绳,强化法律权威性,以有效遏止特定社会领域个体间关系问题的不断重复发生。有了细致的法律规定做保障,社会成员在相互间不和谐事例多发领域的行为就会逐渐向着文明和谐的方向优化,并逐渐在这些领域形成个体间和谐文化。

3.重视培育现代市民美德,厚培社会成员个体间和谐文化的道德根基。

政府和各种社会机构必须重视市民美德的培育,使得社会成员普遍具有以下两种基本素养:一是温文尔雅的谈吐和礼节礼貌修养,这是市民美德的表层,它要求社会个体要善于克服情绪失控及极端个人主义,富有自律精神,待

第 6 章　加强治理文化建设服务新时代国家治理

人接物努力做到彬彬有礼，处理矛盾做到理性平和，体现教养。二是共同体意识，即把他人看作是与自己相互依存的具有同等价值和尊严的主体，关心他人的福利和立场，这是市民美德的深层，它其实就是希尔斯所说的市民认同，即"市民认同是……对整个社会依归的态度。它是关怀整个社会福祉的态度"，市民认同促进"个人的自我意识被他的集体性自我意识部分取代"。① 显然，现代市民美德有利于促进社会成员个体间相互关爱，有利于个体间和谐文化的形成与发展。所以市民美德的培育是基础性工程，所谓"百年树人"，道德教化为古今中外国家治理者所高度重视。

在新时代，在市场经济条件下，我们要高度重视现代市民美德教育，事实上十九大和 2018 年召开的全国教育大会都强调把立德树人作为教育的根本任务。培育现代市民美德，可以通过两个教育体系来具体进行，一是针对青少年群体，强化家庭和学校的市民美德教育；二是针对在职成人群体，通过经济社会单位的在职培训和职工教育等途径，实现对市民美德的继续教育。如果说通过政府加强个体间关系治理以及细化立法，是给社会成员个体间和谐文化构造底线支撑的话，培育市民美德，则是直接向上牵引的举措。前两者好比是构筑围堤，后者则是疏浚河床。此事说来容易，但又是需要下力气做才能取得良好效果的。市民美德的培育，绝非进行一些文字宣传即可实现，而是一项系统工程。做好此项工作，必须把握好以下几点：

一是市民美德的培育必须结合时代，结合实际，尤应注意把社会成员个体间关系的正面和反面的实例融入市民美德教育中来，增强德育的时代感和现实感。只有与人们的生产生活实践有联系的，或与人的生命体验有触点的美德，才是较为可能被广大人民群众所真正接受的道德文化，否则就是符号化的、表面化的，就是不能深入人们内心的，也不容易渗透人的外部行为的无本之木。

二是市民美德的培育必须结合对卓越美德的社会回报。美德作为上层建筑，必须有底层构造予以支撑。卓越美德自身主观主体虽不求酬报，但作为卓越标杆，为社会公众所瞩目，如果其得到精神的或物质的酬报，芸芸众生可能会钦佩他，效仿他；如果他砥砺品德躬行仁举，不仅没有任何福报，甚至还遭到不良之人的奚落嘲讽，说他假清高、伪善等，则社会公众就会大失所望，向

---

① ［美］希尔斯.市民社会的美德［M］//邓正来.国家与市民社会.上海：上海人民出版社，2006：55-65.

他学习的人可能就会变得很少。所以说，卓越美德当获得恰当的社会回报，方有益于世道人心。这一点可以借鉴我国古代的旌表制度。古代对于卓越美德的践行者，旌表其门楣闾巷，乃至建祠祭祀，使崇享荣光，于是影响所及，效法者乃众。

三是市民美德的培育，必须有广泛的社会建制参与。政府、单位、社区等都要将其作为一件重要的事项予以重视。美德的养成，贵在日常，贵在一贯。单位和社区提供了人们践行美德的基本平台，政府则应引导单位和社区发挥其德育平台功能。

4. 切实破除遇事求人不求法的陋习，促进社会成员个体间和谐文化发展。

社会成员个体间出现擦碰纠纷，大家都选择法律途径来解决，推崇法治，而不是寄希望于自己能够超越法律而获利，这是社会成员取得和谐融洽关系的重要保障。法治能够保障社会成员相对公平地获得发展机会，保护人们的正当权利不受侵犯，并使得公权力平等对待处于相互关系特别是矛盾冲突关系中的社会个体。当人们相互间关系具有公平性、平等性，能实现每个人的正当权益的时候，个体间和谐文化便会自然而然地发展起来。然而，在社会生活中，遇事求人不求法现象在一些地方时有发生，反映了人治在一些地方仍然有其影响。这是不利于个体间关系持续稳定地保持文明和谐的。因而，要研究人治产生的最一般的机理，并寻求破除人治，提升法治，从而改变人们遇事求人不求法的陋习，为个体间和谐文化的发展提供支撑。

人治是在公权力运行的形式过程和实际过程的罅隙中产生的。遇事求人不求法，意味着在这一场景中，当事者认为特定的人比法律更能增进他的权益或确保他不至于受到不公正对待。在这里，"权大还是法大才是个真问题"，[1] 人大于法，即引发人治，本质上是权大于法，即占有公职的官员能够运用手中的公权力扭曲法定规则体系对人们权利关系的应然调节。

在古代专制社会，人治是很普遍的现象，虽然古代专制社会也有成体系的法律，但那时法律整体而言是运用专制政治权力的手段之一。专制政治权力则源出皇权，掌握在以皇帝为首的一整套官僚体系手中，专制政治权力用来维护和实现统治集团的利益，作为统治手段的法律其地位低于专制政治权力。在现代社会，法律体系是人民意志的体现，人民通过法定程序任命官员，赋予官员

---

[1] 周叶中、林骏.论新时代中国特色社会主义法治话语体系创新[J].江汉论坛，2019（1）：130–136.

第6章　加强治理文化建设服务新时代国家治理

相应的公权力,这一公权力是实现现代法律体系所体现的人民意志的手段。从政治伦理的角度而言,公权力低于或服务于法律。执掌公权力的人既要依法治民,也要依法治己,在行使公权力的时候须以人民意志为自己意志,也就是依据法律体系所要求的实质和形式来治理国家,这也就是现代法治。

任何统治集团要想谋求持续和长久,都必须具有合法性或塑造合法性,即获得人民的接受和拥护。古代专制社会虽然权大于法,但专制政治权力也必须把自己塑造出"爱民如子"、公正无私的形象,表现在官员的具体行为上,其形式也会尽量符合规范要求。比如封建社会的冤假错案现象,受贿官员虽然已经未审先判,但整个审判过程也力求做到形式规范,证据确凿,仿佛公正严明,主持了正义。这就是人治的实际样貌。可见,人治的权力运行存在着双重结构,即权力运行的形式过程和实际过程是分离的,是有罅隙的,权力对社会机会的分配或对社会成员关系的调节的真实过程是在非法定时空甚至是在私人隐蔽场所完成的,而在法定时空中权力的任务是把枉法官员的意图合法化。这会造成整个社会运行出现两个很不好的后果:一是形式合法与实质不合法并存,即机会的分配或冲突的解决方案在纸面上可能是无懈可击的,但其内容则是被人为扭曲了的。二是社会运行成本高企,人们大量的时间和资源投入到不正当途径中去,从整个社会来看造成了资源的浪费;从个体来看,人们则成为所谓现实的囚徒,德才不备者固然可能选择逾越法治,即使优秀者为求不被牺牲也可能陷入不正之风。

在古代专制社会,由于权大于法,因而官员根据自己意志运用专制政治权力的空间很大,人治难以从根本上避免,这使得遇事求人不求法成为人们非常理性的选择。现代社会由于法大于权,因而产生人治的权力运行的双重结构受到很大程度的削弱。随着政治文明的不断演进,现代公权力的实际运行与形式运行总体上趋向于一致化。当二者完全融合的时候,公权力的运行就是法的运行,官员意志就是法所体现的人民的意志,这时便是完美的法治社会,人们便不再遇事求人不求法。但是完美法治社会并不是轻易能达到的,从辩证的角度而言,事物的形式与实际之间往往会存在罅隙,公权力的实际运行与形式运行由于结合了人性、利益,二者的完全融合并非易事,所以,法治国家的含义便有两点:第一点,只要在国家治理中确实确立了法大于权并予以制度上的根本保障,这便是法治国家;第二点,法治国家仍然会存在不同程度的人治空间,但法治国家的要义在于能够不断通过制度建设来解决公权力运行存在的双重结构问题，不断消除人治的权力运行空间。从这一点而言，法治国家建设又是一个永远在路上的事业。

我国当前社会生活中，在少数地方也仍然存在遇事求人不求法的现象，表征公权力的形式运行和实际运行之间的罅隙使得人治仍有一定的空间。传统的血缘、地缘、学缘以及社会交往中的各种类型的人际纽带形成各种各样的社会关系，乃至所谓各种社交圈子。这些圈子在历史上专制社会的权力运行双重结构中有着重要影响，在现代社会仍然可能变为遇事求人不求法的重要实现渠道。对于现代社会现实中存在的遇事求人不求法现象，可以有不同的有效解释，但必须要看到这一现象的本质是公权力运行的双重结构导致的人治问题，"一些国家工作人员特别是领导干部依法办事观念不强、能力不足，知法犯法、以言代法、以权压法、徇私枉法现象依然存在"。[①]

人治必然带来公权力不能平等公正对待处于相互关系特别是相互冲突或竞争关系中的社会成员，影响社会运行的公平正义水平，这必然是不利于社会成员个体间和谐关系及和谐文化的建设的。这就要求弥合公权力运行的形式过程和实际过程的罅隙，提升法治水平。真正提升法治水平，需要规范公权力的运行，使其实际运行和形式运行相统一，尽可能压缩公权力被私人意志操控的空间。封建专制时代也有人做过这样的尝试，但终归于失败。例如明太祖朱元璋的铁腕治官，洪武年间不少官员人头落地，但也仅仅能奏效于一时，原因就在于封建专制时代政治权力属于帝王及其派生的官僚体系，权大于法，因而明太祖的治官之道实际上是想用人治的办法促进法治，这一根本性的悖论解决不了，其他的一切措施则只能收到治标之功。

现代社会由于确立了法大于权，因而实现法治便有了前提性保障。但较好地实现法治，则需要切实弥合公权力运行的形式过程和实际过程的罅隙。

一是尽可能设计客观方式来运用公权力。公权力在以客观方式为主的运用条件下发生人治的概率很低，而以主观方式为主的运用条件下则人治风险较大。比如在人员招聘过程中，笔试阶段比复试阶段显然更容易合乎法治要求，因此在成本允许的范围内应尽可能设计客观方式来运用公权力。

二是提高人治的交易成本。公权力的行使，不可避免会存在需要官员主观判断的场景，要避免此处的人治风险，也就是使得作为理性经济人的官员和社

---

① 方彦明.依法治国的关键是用权利制约权力[J].科学社会主义，2014（6）：57-60.

第6章 加强治理文化建设服务新时代国家治理

会成员不寻求在私人时空对公权力进行私人交易,就需要提升这一交易的难度。集体领导和不记名投票是提高其交易成本和交易难度的可行方法,因为此方法意味着交易对象数量的增加和交易结果的不确定性。这实际上是通过"合理分解权力,科学配置权力,形成科学的权力结构"①来限制权力运行中的人治风险。

三是公权力运行在不涉及国家秘密等前提下,应通过技术设计,使之尽量开放运行,使之可被观察和监督。公权力处于被监督状态,人治便可能受到抑制。

弥合公权力运行的形式过程和实际过程的罅隙,瞄准的是微观上执掌公权力的官员的具体用权行为。通过限制官员把作为理性经济人的私人意志渗透进公权力的实际运行中去,使得公权力无从逾越法治,使得作为理性经济人的官员的用权行为符合法治,从而保证公权力公平公正地对待所有社会成员,这将有效减少遇事求人不求法现象。然而,我们知道,按照常识,没有人会愿意自缚手脚,公权力自身并没有直接动力束缚自己。如何推动弥合公权力运行的形式过程和实际过程的罅隙的进程,并使得这一进程不是流于形式,是进行法治国家建设的切中肯綮之处。

在回答上述问题之前,我们应先对公权力运行进行结构性分析。公权力在纵向上分为多个层级,不同层级的公权力发生人治的概率往往是有差别的。越往低层,人治现象概率会越大;越往高层,法治程度则会越高。人们认为中心城市机会分配相对尊重规则而更公平,而一些基层地方因更讲究社会关系而相对更复杂,在一定意义上这一现象是公权力在不同层级中遵循法治的程度有所区别的反映。之所以公权力层级由高到低遵循法治的程度递减,主要是因为公权力层级越高,其政治追求越大。到了中央层次,一个党派一届政府追求的往往是关乎家国天下的宏大目标,甚至追求的是历史地位,这便会使得高层级权力运行十分谨慎,注重依法依规;而公权力层级越低,其政治追求相对下降,且事权相对具体,在经济理性的作用下,如果抵制不住诱惑,便可能逾越法治边界将事权私用。此外,基层官员更可能与自己的亲族、同学等同处一地,因而在运用公权力的时候受到人情影响的可能性也就越大。既然公权力层级由高到低遵循法治的程度递减,因而,应由高层级公权力承担起推动弥合公权力运

---

① 张文显.治国理政的法治理念和法治思维[J].中国社会科学,2017(4):40-66.

行的形式过程和实际过程罅隙的进程的责任。

但公权力层级链条不是一个自上而下的单向的能量传递关系,而是双向互动关系。高层级公权力向低层级公权力传导和推动法治,一些低层级公权力则可能会将人情甚至人治逻辑向高层级权力渗透。因为公权力链条同时也是责任链条,并可能以不同方式蕴含着利益链条,不同级别的官员便呈现出权力隶属、责任连带以及不同程度的利益相关关系,这种关系可以称之为权力共同体关系。在古代专制社会,这种权力共同体关系很容易滋生官官相护现象;在现代社会,权力共同体关系可能削弱高层级公权力对低层级公权力的法治约束,甚至使得人治因素由下而上影响政治生态。基于此,法治进程需要引入公权力系统之外的参与者,来发挥监督作用。这个参与者,主要是广大的人民群众。从权力层级与人治的关系角度,人民群众的监督重心应在低层级公权力也就是人治影响较大的公权力运行场景中,并通过高层级公权力对低层级公权力的违法乱纪情形进行纠治,从而提升低层级公权力遵循法治的程度,因为"人民群众的合法权益能受到有效保护的关键在于提高基层治理法治化的程度"。要注意通过机制建设,更好地发挥人民群众作为参与者在法治进程中的监督作用,应为人治风险较大的低层级公权力设计透明运行的具体要求,"要打开大门、畅通渠道、突出重点、完善机制,让公权力始终处于人民群众监督之下",① 使群众成为法治建设的重要参与者和监督者。

---

① 吴兢.开启中国法治现代化建设新时代[J].人民论坛,2018(33):44-46.

第7章 结 论

国家治理是关乎人及人类生活乃至生命质量的重大活动。国家治理与人们的私人家庭生活以及社会成员个体之间基于公平互益原则的一般交往构成人及人类的主要生活场景。且国家治理供给和保护国家生活和社会生活乃至家庭生活的基本秩序。国家治理活动是如此重要，因而古今中外在国家治理实践基础上形成了丰富的关于国家治理的文化成果。随着生产力和经济社会的发展，国家治理体系和治理能力会因之发生演变，表现为现代化历程。国家治理文化虽然决定于治理实践，但它又有相对独立性并反作用于治理实践，因而我们也要重视国家治理文化的研究，以使之更好地服务于新时代的国家治理。

一、国家治理文化是国家治理模式或过程的精神内核，良好的治理文化能够促进国家治理体系和治理过程的高效运行

梳理国内外的治理理论，我们发现，人们较多关注治理过程的主体结构、目标达成、行动协同、权力和权威来源以及资源依赖等方面，并取得了丰富的研究成果，但似乎对于治理文化缺少足够的关注。而治理过程中人们的价值观、是非观、合作精神等文化要素能够深刻影响、塑造和引领治理主体和社会成员的心理和行为。事实上，国家治理是一个深受治理文化影响的实践过程。任何国家治理体系都蕴含着相应的治理文化体系，这一文化体系又深刻影响着人们的治理行为，因而某种意义上治理文化是国家治理模式或过程的精神内核。

人的行为一定意义上可以说是内在文化心理的外化。这也是孔子治理思想中特别强调教化、德化的原因。现代国家对社会个体都会进行政治社会化塑造，进行与国家治理理念同向的价值观引领。国家治理场景中的各方主体如果都从内心支持治理的目标、方式、手段、措施，都具有良好的合作精神、公共

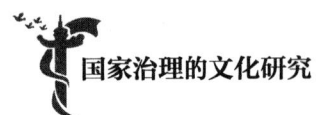

精神，都崇尚公正、和谐、团结、进步等价值观念，都不断提升自身的道德素养和法治意识，一句话，如果人们都具有良好的治理文化，那么就能够促进国家治理体系和治理过程的高效运行。新时代，我国应当大力提倡"四个自信"文化、公益文化、创新文化、德治和法治文化等治理文化内容，为国家治理提供价值引领、智力支持和良好的社会心理与行为环境，服务于新时代国家治理的伟大实践。

二、国家治理文化是国家治理制度体系的有机构成部分，加强治理文化建设，能优化国家治理有形制度的运行环境，有利于降低国家治理有形制度的执行成本

国家治理文化完全可以被视为国家治理的制度体系的有机构成部分。制度可以划分为有形制度和无形制度。国家治理的有形制度包括由法定机关制定并强制执行的各种法律、法规和规章等；国家治理的无形制度可以称为国家治理文化，包括治理过程中形成的风俗习惯、道德伦理、价值观念、合作精神等丰富的内容。国家治理的有形制度和作为无形制度的治理文化各有其价值和作用，有机地结合在一起。

可以说，国家治理文化作为无形制度和法律法规等有形的正式的国家治理制度共同构成国家治理制度的总体体系。有形的正式的治理制度对国家治理场景中的行为主体提供外在的法定的约束和激励，国家治理文化则能够对行为主体进行软性的引导性的心理与行为塑造。在国家治理中，加强治理文化建设，形成与国家治理目标与方式相一致的主导治理文化，会促使行为主体自觉认同国家治理过程，使得国家治理有形制度的运行得到良好的文化与心理环境和条件，降低国家治理有形制度执行的成本。国家治理的有形制度在运行过程中，随着时间的积累，在作为有形制度发挥作用的同时，又会在人们的国家生活和社会生活中以风俗习惯、价值观念等形式转化为无形制度，即获得文化的性质和形式，于是有形制度的执行可能会成为相关行为主体的自觉的、主动的行为过程，这时的治理环境和治理成本无疑是非常优越的。加强治理文化建设，可以使得治理的有形制度加快获得文化的性质和形式，是国家治理体系建设的重要方面。

第 7 章 结 论

三、我国社会主义先进治理文化和优秀传统治理文化都具有鲜明的人民性特征，是我国国家治理体系科学性、人民性和有效性比较优势的重要文化保障

从对国家治理的目的塑造来看，社会主义先进治理文化和我国优秀传统治理文化具有鲜明的人民性。社会主义先进治理文化以全心全意为人民服务为根本宗旨和根本遵循。社会主义的本质是通过解放和发展生产力消灭剥削消除两极分化最终达到共同富裕。在改革开放早期，形成了"三个有利于"的衡量一切工作是非得失的标准，其中把"是否有利于提高人民的生活水平"作为重要一条明确提出。中国特色社会主义建设过程中，始终坚持以人民为中心的发展思想，不断改善民生，提高人民生活水平。十八大报告指出"执政为民是检验党一切执政活动的最高标准"，十九大报告指出"增进民生福祉是发展的根本目的"。在新时代，在国家治理稳步推进的进程中，不断践行人民中心理念，人民群众的获得感幸福感安全感不断增强，为人民谋幸福、为民族谋复兴被明确为党的初心和使命担当。同时我国优秀传统治理文化中，天下大同理念、仁政理念、以民为本理念、"为官一任造福一方"理念等，也在国家治理不同层次、不同方面引领和塑造着国家治理的人民指向。

从对国家治理的手段塑造来看，社会主义先进治理文化和我国优秀传统治理文化同样具有鲜明的人民性。社会主义先进治理文化突出人民群众在国家治理中的主人翁地位，突出一切为了人民，一切依靠人民。在党和政府治国理政过程中，群众路线既是我国国家治理中人民主人翁地位的机制安排，又深切地体现着社会主义人民民主文化理念。在党的领导下，我国国家治理过程高度重视人民对国家政策过程的参与权、知情权、监督权，认为时代是出卷人，我们是答卷人，人民是阅卷人。而我国优秀传统治理文化注重尊贤纳言、重视观察民风、在意官声口碑等也塑造着国家治理手段中的人民性。在进行经济社会治理促进经济社会发展过程中，社会主义先进治理文化和我国优秀传统治理文化也有着突出的人民性。比如社会主义先进治理文化强调的劳动光荣、爱岗敬业、团结互助等理念和优秀传统治理文化强调的自强不息、急公好义、乐善好施等理念，无不塑造着经济社会治理手段中的人民性。

我国国家治理体系具有科学性、人民性和有效性的显著比较优势。我国社会主义先进治理文化和优秀传统治理文化对我国国家治理体系的科学性、人民

性和有效性比较优势起到了重要的促进作用和文化保障作用，因为社会主义先进治理文化和优秀传统治理文化的内容、性质、方向等与国家治理体系的科学性、人民性和有效性具有内在一致性。群众路线是实现我国国家治理体系政治公共领域对市场经济领域和社会生活领域的人民意愿进行真实反映和有效回应的重要保障机制，是我国国家治理体系科学性、人民性、有效性的重要实现机制。我国社会主义先进治理文化与优秀传统治理文化对于坚持群众路线，具有很好的价值指引和文化保障作用。

四、我国国家治理文化现代化具有两方面基本含义，即实现居于主导地位的社会主义先进治理文化对其他治理文化的引导、重构、吸纳、统合和规范；实现国家治理文化随着科技革命带来的生产力的发展以及国家治理体系和治理能力现代化实践的深入推进而不断创新发展

国家治理体系和治理能力现代化与治理文化现代化是一体两面的关系，治理体系、能力现代化及其深刻实践，必然要带动治理文化发生同向演化变迁，治理文化的现代化又反过来促成治理体系和能力现代化的良好文化生态。我国国家治理文化现代化的基本含义可以从两个方面来界定。

（一）实现居于主导地位的社会主义先进治理文化对其他治理文化的引导、重构、吸纳、统合和规范

社会主义先进治理文化作为我国主导治理文化，规范和引导着一切其他治理文化因素，其他各种治理文化要通过发展实现与社会主义主导治理文化相一致，相融合，成为一个整体。这又包含以下多条具体含义。

1. 始终保持社会主义先进治理文化的绝对主导地位，这是治理文化现代化的根本性规范性前提。

2. 在推进国家治理文化现代化的过程中，要重视继承和发扬我国优秀的传统治理文化；与此同时祛除传统治理文化中的负面因素，比如官僚主义等。

3. "五位一体"理念下国家治理横向上的经济、政治、社会、文化、生态文明建设等诸多领域的具体治理文化都要体现社会主义先进治理文化的根本要求和核心特性。

4. 用社会主义先进治理文化引导网络文化中影响国家治理的舆论、观念和看法等，信息时代网络舆论场域对国家治理乃至人心向背的影响不容小觑。

5. 社会主义先进治理文化要在保持主导地位的同时，对全球化背景下各国治道变革中的有益成分采取开放性的兼收并蓄的策略，占据文化主动而不是被动。

（二）实现国家治理文化随着科技革命带来的生产力的发展以及国家治理体系和治理能力现代化实践的深入推进而不断创新发展

马克思、恩格斯认为，社会成员在生产过程中形成物质联系，并"发生一定的社会关系和政治关系……社会结构和国家经常是从一定个人的生活过程中产生的"。[①] 生产力的发展会带来人们物质联系方式的演化，以人们的物质联系为基础的社会结构也会相应发生演化，国家治理体系和治理能力也会相应进行深刻的改革发展创新。社会主义先进治理文化必须要随着国家治理体系和治理能力在实践中的演化而适时进行发展和演化，实现与时俱进，永葆先进性。在新时代，随着人工智能、大数据、云计算等先进科学技术为代表的生产力的迅速发展，人们的生产组织形式、商业流通方式乃至人们的生活过程都会发生显著的变化甚至被重构。国家治理体系和治理能力必然不能完全运用过去时代的方法应对新时代治理课题，而是应通过守正创新，实现与时俱进，在体制机制、组织结构、方法手段、技术运用等方面实现现代化。而治理文化就要自觉反映并服务于生产力的发展和国家治理现代化的改革与实践，在理念观念、伦理规范、方法论等层面实现治理文化自身的创新发展。

五、加强治理文化建设，服务国家治理，是很有必要的，是大有可为的

文化虽然是无形的，但却对国家治理过程中的各方主体有着不可忽视的影响。因此，在推进国家治理体系和治理能力现代化进程中，加强治理文化建设，是很有必要的，而且也是大有可为的一件事情。党政军民学，东西南北中，无论是党政机关还是企事业单位，乃至社会生活中的个体，都应不断提升自身与国家治理相关的文化素养。

改革开放是决定当代中国命运、实现"两个一百年"奋斗目标、实现中华民族伟大复兴的关键一招。政府要在改革实践中，不断加强自身的治理文化建设。随着生产力的发展，在新时代人们的生产和生活关系中，分享、合作逐渐成为重要特征，整体协同也就日益重要，为此，政府在治理中要重视合作治理

---

① 马克思、恩格斯. 德意志意识形态 [M]. 北京：人民出版社，1961：19-31.

文化，形成升维思考观念。在治理文化建设中，要重视国家治理体系现代化过程中的人民信任建设，要大力挖掘优秀传统治理文化资源以资德治，要在领导干部群体中真正普遍树立终身学习理念以加强学习型干部队伍建设，要强化社会成员个体间和谐文化建设以助力于社会文明程度的提高。总之，加强治理文化建设是大有可为的。在我国国家治理改革发展的历史实践中，我们要通过治理文化建设不断丰富自己国家的治理知识资源和文化与话语体系，讲好中国故事，形成中国方案，为人类国家治理领域提供中国智慧，不断赋予我们道路自信、理论自信、制度自信、文化自信以鲜活的内容。

参考文献

[1] 马克思恩格斯选集：第2、4卷[M].北京：人民出版社，1995.

[2] 马克思、恩格斯.德意志意识形态[M].北京：人民出版社，1961.

[3] 马克思恩格斯全集：第3卷[M].北京：人民出版社，2002.

[4] 毛泽东选集：第2卷[M].北京：人民出版社，1991.

[5] 邓小平文选：第3卷[M].北京：人民出版社，1993.

[6] 习近平.切实把思想统一到党的十八届三中全会精神上来[M]//中共中央文献研究室.十八大以来重要文献选编.北京：中央文献出版社，2014.

[7] 中共中央文献研究室.习近平关于全面建成小康社会论述摘编[M].北京：中央文献出版社，2016.

[8] 中共中央宣传部.习近平总书记系列重要讲话读本[M].北京：学习出版社、人民出版社，2016.

[9] 中共中央.中国共产党第十九届中央委员会第四次全体会议公报[N].人民日报，2019-11-1.

[10] 中共中央宣传部理论局.理论热点面对面[M].北京：人民出版社、学习出版社，2009.

[11] 亚里士多德.政治学[M].北京：商务印书馆，1965.

[12] [德]黑格尔.法哲学原理[M].北京：商务印书馆，1961.

[13] [德]费尔巴哈.费尔巴哈哲学著作选集：下册[M].北京：商务印书馆，1984.

[14] [英]洛克.政府论：第二册[M].北京：九州出版社，2007.

[15] [法]卢梭.社会契约论[M].北京：商务印书馆，2003.

[16] [德]马克斯·韦伯.经济与社会：下卷[M].北京：商务印书馆，

1998.

［17］［德］哈贝马斯.公共领域的结构转型［M］.上海：学林出版社，1999.

［18］［英］哈耶克.自由秩序原理：上册［M］.北京：三联书店，1997.

［19］［美］罗尔斯.正义论［M］.北京：中国社会科学出版社，1988.

［20］［美］罗尔斯.正义论［M］.上海：上海译文出版社，1991.

［21］费孝通.乡土中国［M］.北京：北京大学出版社，2012.

［22］俞可平.治理与善治［M］.北京：社会科学文献出版社，2000.

［23］唐士其.西方政治思想史［M］.北京：北京大学出版社，2008.

［24］张成福.行政组织学［M］.北京：中央广播电视大学出版社，2017.

［25］周志忍.当代国外行政改革比较研究［M］.北京：国家行政学院出版社，1999.

［26］［美］埃里克·弗鲁伯顿、［德］鲁道夫·芮切特.新制度经济学——一个交易费用分析范式［M］.上海：上海人民出版社，2006.

［27］［美］D·C·诺斯.经济史中的结构与变迁［M］.上海：上海三联书店，1994.

［28］［德］柯武刚、［德］史漫飞.制度经济学［M］.北京：商务印书馆，2004.

［29］［英］阿诺德·汤因比.历史研究：上卷［M］.上海：上海人民出版社，2016.

［30］林毅夫.关于制度变迁的经济学理论：诱致性变迁与强制性变迁［M］//［美］R·H·科斯、［美］D·C·诺斯.财产权利与制度变迁：产权学派与新制度学派译文集.上海：上海人民出版社，1994.

［31］［英］戴维·毕瑟姆.马克斯·韦伯与现代政治理论［M］.长春：吉林出版集团，2015.

［32］［美］希尔斯.市民社会的美德［M］//邓正来.国家与市民社会.上海：上海人民出版社，2006.

［33］［瑞士］弗朗索瓦-格扎维尔·梅里安.治理问题与现代福利国家［J］.国际社会科学（中文版），1999（1）.

［34］［英］鲍勃·杰索普.治理的兴起及其失败的风险：以经济发展为例的论述［J］.国际社会科学杂志（中文版），1999（1）.

[35][法]让-皮埃尔·戈丹.现代的治理,昨天和今天:借重法国政府政策得以明确的几点认识[J].国际社会科学杂志(中文版),1999(1).

[36][英]格里·斯托克.作为理论的治理:五个论点[J].国际社会科学杂志(中文版),1999(1).

[37][法]辛西娅·休伊特·德·阿尔坎塔拉."治理"概念的运用与滥用[J].国际社会科学杂志(中文版),1999(1).

[38][英]杰瑞·斯托克、楼苏萍、郁建兴.地方治理研究:范式、理论与启示[J].浙江大学学报(人文社会科学版),2007(2).

[39]关永强、张东刚."斯密型增长"——基于近代中国乡村工业的再评析[J].历史研究,2017(2).

[40]李龙、任颖."治理"一词的沿革考略——以语义分析与语用分析为方法[J].法治与社会发展,2014(4).

[41]施雪华.政府综合治理能力论[J].浙江社会科学,1995(5).

[42]徐勇.GOVERNANCE:治理的阐释[J].政治学研究,1997(1).

[43]俞可平.治理和善治:一种新的政治分析框架[J].南京社会科学,2001(9).

[44]汪向阳、胡春阳.治理:当代公共管理理论的新热点[J].复旦学报,2000(4).

[45]楼苏萍.治理理论分析路径的差异与比较[J].中国行政管理,2005(4).

[46]申剑、白庆华.治理理论及其评价[J].广西大学学报(哲学社会科学版),2006(6).

[47]郁建兴、刘大志.治理理论的现代性与后现代性[J].浙江大学学报(人文社会科学版),2003(2).

[48]余军华、袁文艺.公共治理:概念与内涵[J].中国行政管理,2013(12).

[49]孙国强.网络组织的治理机制[J].经济管理,2003(4).

[50]孙国强.关系、互动与协同:网络组织的治理逻辑[J].中国工业经济,2003(11).

[51]王诗宗.治理理论与公共行政学范式进步[J].中国社会科学,2010(4).

[52] 于水.多中心治理与现实应用[J].江海学刊,2005(5).

[53] 陈剩勇、于兰兰.网络化治理：一种新的公共治理模式[J].政治学研究,2012(2).

[54] 孔繁斌.多中心治理诠释——基于承认政治的视角[J].南京大学学报（哲学人文科学社会科学版）,2007(6).

[55] 张克中.公共治理之道：埃莉诺·奥斯特罗姆理论述评[J].政治学研究,2009(6).

[56] 张康之.走向合作治理的历史进程[J].湖南社会科学,2006(4).

[57] 张康之.论参与治理、社会自治与合作治理[J].行政论坛,2008(6).

[58] 竺乾威.从新公共管理到整体性治理[J].中国行政管理,2008(10).

[59] 胡象明、唐波勇.整体性治理：公共管理的新范式[J].华中师范大学学报（人文社会科学版）,2010(1).

[60] 曾凡军、韦彬.后公共治理理论：作为一种新趋向的整体性治理[J].天津行政学院学报,2010(2).

[61] 郁建兴.治理与国家建构的张力[J].马克思主义与现实,2008(1).

[62] 陈剩勇、马斌.温州民间商会：自主治理的制度分析[J].管理世界,2004(12).

[63] 何显明.市场化进程中的地方治理模式变迁及其内在逻辑——基于浙江的个案研究[J].中共浙江省委党校学报,2005(6).

[64] 王诗宗.地方治理在中国的适用性及其限度——以宁波市海曙区政府购买居家养老政策为例[J].公共管理学报,2007(4).

[65] 刘亚平、颜昌武.区域公共事务的治理逻辑[J].中山大学学报（社会科学版）,2006(4).

[66] 俞可平.中国治理变迁30年（1978—2008）[J].吉林大学社会科学学报,2008(3).

[67] 俞可平.中国治理评估框架[J].经济社会体制比较,2008(6).

[68] 包国宪、郎玫.治理、政府治理概念的演变与发展[J].兰州大学学报（社会科学版）,2009(2).

[69] 唐皇凤.新中国60年国家治理体系的变迁及理性审视[J].经济社

会体制比较, 2009 (5).

[70] 黄冬娅. 多管齐下的治理策略: 国家建设与基层治理变迁的历史图景 [J]. 公共行政评论, 2010 (4).

[71] 周雪光. 权威体制与有效治理: 当代中国国家治理的制度逻辑 [J]. 开放时代, 2011 (10).

[72] 曹正汉. 中国上下分治的治理体制及其稳定机制 [J]. 社会学研究, 2011 (1).

[73] 周雪光、练宏. 中国政府的治理模式: 一个"控制权"理论 [J]. 社会学研究, 2012 (5).

[74] 罗豪才、宋功德. 公域之治的转型——对公共治理与公法互动关系的一种透视 [J]. 中国法学, 2005 (5).

[75] 罗豪才、宋功德. 行政法的治理逻辑 [J]. 中国法学, 2011 (2).

[76] 韩大元. 宪法实施与中国社会治理模式的转型 [J]. 中国法学, 2012 (4).

[77] 蒋建湘、李沫. 治理理念下的柔性监管论 [J]. 法学, 2013 (10).

[78] 关锋. "国家治理现代化"对历史唯物主义国家观的推进 [J]. 教学与研究, 2016 (11).

[79] 薛澜、张帆、武沐瑶. 国家治理体系与治理能力研究: 回顾与前瞻 [J]. 公共管理学报, 2015 (3).

[80] 王浦劬. 国家治理、政府治理和社会治理的含义及其相互关系 [J]. 国家行政学院学报, 2014 (3).

[81] 包红梅. 论"社会治理"的三个基本问题 [J]. 学术探索, 2017 (4).

[82] 蓝志勇、魏明. 现代国家治理体系: 顶层设计、实践经验与复杂性 [J]. 公共管理学报, 2014 (1).

[83] 贺麟. 黑格尔〈法哲学原理〉一书评述 [M] // [德] 黑格尔. 法哲学原理. 北京: 商务印书馆, 1961.

[84] 林兴初. 基层协商民主与乡镇善治研究 [J]. 学术论坛, 2013 (9).

[85] 朱光磊. 全面深化改革进程中的中国新治理观 [J]. 中国社会科学, 2017 (4).

[86] 汪雪芬、伇杏濛. 国家治理视域下的"国家政权建设"研究 [J]. 江西师范大学学报 (哲学社会科学版), 2017 (1).

［87］王蕴、卢岩.居民收入增长与经济发展同步关系的国际比较与启示［J］.社会科学辑刊，2017（5）.

［88］董振华.关于中国特色社会主义文化自信的几点思考［J］.科学社会主义，2016（5）.

［89］黄茂兴、叶琪.马克思主义绿色发展观与当代中国的绿色发展［J］.经济研究，2017（6）.

［90］李丽、李敏.利用大数据提升政府治理效能［J］.人民论坛，2017（5）.

［91］周联兵.论公民社会公共交易功能的机理及条件［J］.岭南学刊，2011（1）.

［92］田凯、黄金.国外治理理论研究：回顾与展望［J］.政治学研究，2015（6）.

［93］颜昌武、林木子.行政国家的兴起及其合法性危机［J］.理论与改革，2018（2）.

［94］李韬、吴思红.理性官僚制建构与中国行政文化转型［J］.中共杭州市委党校学报，2016（3）.

［95］任剑涛.在悬而未决之际：现代国家构建技艺的理论［J］.学术月刊，2017（10）.

［96］周叶中、林骏.论新时代中国特色社会主义法治话语体系创新［J］.江汉论坛，2019（1）.

［97］方彦明.依法治国的关键是用权利制约权力［J］.科学社会主义，2014（6）.

［98］张文显.治国理政的法治理念和法治思维［J］.中国社会科学，2017（4）.

［99］唐寿东、孙英.全面依法治国视域下基层治理法治化研究［J］.天津行政学院学报，2017（5）.

［100］吴兢.开启中国法治现代化建设新时代［J］.人民论坛，2018（33）.

［101］邹东升、姚靖.新时代微腐败治理的纪法衔接［J］.理论探讨，2019（1）.

［102］孙卓华、李强楠.行政心理视域下的官员腐败研究［J］.行政论坛，2016（2）.

[103] 马怀德、孔祥稳. 改革开放四十年行政诉讼的成就与展望 [J]. 中外法学, 2018 (5).

[104] 孟天广. 转型期的中国政治信任: 实证测量与全貌概览 [J]. 华中师范大学学报 (人文社会科学版), 2014 (3).

[105] 张文宏、马丹. 社会经济地位、民主观念与政治信任 [J]. 江苏行政学院学报, 2015 (1).

[106] 吴凡明. 论儒家仁孝关系的内在逻辑 [J]. 伦理学研究, 2016 (5).

[107] 毕云天. 论"孝"与中国传统养老保障网的构建 [J]. 山东社会科学, 2017 (5).

[108] 刘永春、刘洋. 论汉代孝廉制度的演变及其当代启示 [J]. 理论界, 2016 (1).

[109] 郭清香. 孝文化的现代价值及其实践探析 [J]. 中国特色社会主义研究, 2017 (2).

[110] 王杰. 从优秀传统文化中汲取廉政文化力量 [J]. 人民论坛, 2017 (22).

[111] 崔会敏. 孝与廉的伦理基础及现代重建 [J]. 道德与文明, 2015 (1).

[112] 魏礼群. 坚定走中国特色社会主义社会治理之路 [J]. 求是, 2018 (16).

[113] 陈鹏. 中国社会治理 40 年: 回顾与前瞻 [J]. 北京师范大学学报 (社会科学版), 2018 (6).

[114] 徐明强、许汉泽. 村落复权、政党拓展与耦合调整 [J]. 华南农业大学学报 (社会科学版), 2018 (5).

[115] 周联兵. 建设社会主义新农村的公共管理框架初探 [J]. 山东经济, 2007 (2).

[116] 祝丽生. 积极培育现代村规民约 [J]. 人民论坛, 2018 (13).

[117] 陈寒非. 风俗与法律: 村规民约促进移风易俗的方式与逻辑 [J]. 学术交流, 2017 (5).

[118] 王文彬. 自觉、规则与文化: 构建"三治融合"的乡村治理体系 [J]. 社会主义研究, 2019 (1).

[119] 张茜、李华胤. 村民自治有效实现单元的讨论与研究 [J]. 中国农

业大学学报（社会科学版），2014（4）.

[120] 宋西雷."新乡贤"治村的实践路径研究[J].领导科学，2019（2）.

[121] 黄海平、黄宝连.构建新乡贤体系 重塑乡村振兴灵魂[J].浙江经济，2019（5）.

[122] 韩克芳.论国家治理现代化过程中德治与法治的结合[J].学术探索，2016（12）.

[123] 马华、王晓宾.就职宣誓：国家治理现代化的构建[J].政治学研究，2016（6）.

[124] 田先红、魏亚东.群众路线、官僚体制与国家治理[J].云南行政学院学报，2017（6）.

[125] 朱勇.中国古代社会基于人文精神的道德法律共同治理[J].中国社会科学，2017（12）.

[126] 邓帅.国家治理现代化视域下新闻生态的构建[J].青年记者，2018（35）.

[127] 王伟林.国家治理语境下的文化创新[J].人民论坛，2018（36）.

[128] 张康之.论人的互惠互利、相互依存与共生共在[J].天津社会科学，2019（4）.

[129] 岳嵩.中国国家治理现代化的视角选择与实践路径[J].江海学刊，2019（5）.

[130] 何哲.从硬治理到软治理：国家治理体系完善的一个趋势[J].行政管理改革，2019（12）.

[131] 张明军、赵友华.制度成熟与提升治理能力现代化的逻辑[J].学术月刊，2020（8）.

[132] 何艳玲、周寒.全球体系下的城市治理风险：基于城市性的再反思[J].治理研究，2020（4）.

[133] 何颖.国家治理的伦理回归[J].行政论坛，2020（6）.

[134] 朱垚颖、张博诚.演进与调节：互联网内容治理中的政府主体研究[J].人民论坛·学术前沿，2021（5）.

[135] 常锐.论国家治理中的"价值观先导"效能[J].社会科学战线，2021（3）.

[136] 孙熙国、陈绍辉.以人民为中心：中国国家制度和国家治理体系显

著优势的内在逻辑[J].理论探讨,2021(3).

[137] Kooiman, J., Van Vliet, M.. "Governance and Public Management". In K.Eliassen and J.Kooiman (eds), Managing Public Organizations (2nd ed.) [M]. London: sage.1993.

[138] Michael Howlett. Governance Modes, Policy Regimes, and Operational Plans [J]. Policy Sciences, 2009, 42 (1): 73-89.

[139] Ostrom, E.. Governing the commons: The Evolution of Institutions for Collective Action [M]. Cambridge University Press, 1990.

[140] Claus Offe. "Governance: An 'Empty Signifier'?" [J]. Constellations, 2009, 16 (4): 550-562.

[141] S.Marche and J.D.McNiven. "E-Government and E-Governance: The Future Isn't What It Used to Be" [J]. Canadian Journal of Administrative Sciences, 2003, 20 (1): 74-86.

[142] Stoker, G. Public Value Management: A New Narrative for Networked Governance? [J]. American Review of Public Administration, 2006, 36 (1): 41-57.

[143] Sharon S.Dawes. "Governance in the Digital Age: a Research and Action Framework for an Uncertain Future" [J]. Government Information Quarterly, 2009, 26 (2): 257-264.

[144] Peter Triantafillou. "Addressing Network Governance through the Concepts of Governmentality and Normalization" [J]. Administrative Theory & Praxis, 2004, 26 (4): 489-508.

[145] Emerson K, Nabatchi T, Balogh S. An integrative framework for collaborative governance [J]. Journal of Public Administration Research and Theory, 2012, 22 (1): 1-29.

[146] Williamson B. Knowing. public services: Cross-sector intermediaries and algorithmic governance in public sector reform [J]. Public Policy & Administration, 2014, 29 (4): 292-312.